# A Constituição e o
# Direito à Previdência Social

**NARLON GUTIERRE NOGUEIRA**

*Auditor-Fiscal da Receita Federal do Brasil, em exercício no Ministério da Previdência Social.
Graduado em Administração e Direito. Especialista em Direito Público. Mestrando em
Direito Político e Econômico pela Universidade Presbiteriana Mackenzie.*

# A CONSTITUIÇÃO E O
# DIREITO À PREVIDÊNCIA SOCIAL

EDITORA
LTr®
SÃO PAULO

Dados Internacionais de Catalogação na Publicação (CIP)
(Câmara Brasileira do Livro, SP, Brasil)

Nogueira, Narlon Gutierre
    A constituição e o direito à previdência social / Narlon Gutierre Nogueira. — São Paulo : LTr, 2009.

    Bibliografia.
    ISBN 978-85-361-1322-7

    1. Brasil — Constituição (1988) 2. Brasil — Constituição — História 3. Previdência social — 4. Previdência social — Jurisprudência — Brasil I. Título.

08-10948                                                    CDU-34:368.4

Índice para catálogo sistemático:

1. Previdência social : Direito previdenciário
   34:368.4

© Todos os direitos reservados

**EDITORA LTDA.**
Rua Apa, 165 — CEP 01201-904 — Fone (11) 3826-2788 — Fax (11) 3826-9180
São Paulo, SP — Brasil — www.ltr.com.br

**DEDICATÓRIA**

*A Raquel, Amanda e Giovana,
mulheres da minha vida.*

*Aos meus pais, Geraldo e Zenaide
e aos meus avós, Sebastião e Dorotéia.*

**AGRADECIMENTOS**

*Ao Senhor Deus,
fonte inesgotável de vida, amor, paz e justiça.*

*"Tu és digno, Senhor e Deus nosso,
de receber a glória, a honra e o poder,
porque todas as coisas tu criaste,
sim, por causa da tua vontade
vieram a existir e foram criadas."
(Apocalipse 4.11)*

"Toda a pessoa tem direito a um nível de vida suficiente para lhe assegurar e à sua família a saúde e o bem-estar, principalmente quanto à alimentação, ao vestuário, ao alojamento, à assistência médica e ainda quanto aos serviços sociais necessários, e tem direito à segurança no desemprego, na doença, na invalidez, na viuvez, na velhice ou noutros casos de perda de meios de subsistência por circunstâncias independentes da sua vontade."

*(Declaração Universal dos Direitos Humanos, artigo 25.1)*

"Everyone has the right to a standard of living adequate for the health and well-being of himself and of his family, including food, clothing, housing and medical care and necessary social services, and the right to security in the event of unemployment, sickness, disability, widowhood, old age or other lack of livelihood in circumstances beyond his control."

*(Universal Declaration of Human Rights, article 25.1)*

# SUMÁRIO

| | |
|---|---:|
| **Prefácio** | 13 |
| **1. Introdução** | 15 |
| **2. Direito Constitucional, Constitucionalismo, Constituição e Poder Constituinte** | 18 |
|    2.1. Direito Constitucional | 18 |
|    2.2. Constitucionalismo | 19 |
|       2.2.1. Significado | 19 |
|       2.2.2. Evolução | 20 |
|          2.2.2.1. Constitucionalismo primitivo | 20 |
|          2.2.2.2. Constitucionalismo antigo | 21 |
|          2.2.2.3. Constitucionalismo da Idade Média | 21 |
|          2.2.2.4. Constitucionalismo moderno | 22 |
|          2.2.2.5. Constitucionalismo contemporâneo | 23 |
|    2.3. Poder Constituinte | 24 |
|    2.4. Constituição | 25 |
|       2.4.1. Conceito | 25 |
|       2.4.2. Classificação | 26 |
|          2.4.2.1. Quanto à origem | 26 |
|          2.4.2.2. Quanto à essência | 26 |
|          2.4.2.3. Quanto à sistematização | 27 |
|          2.4.2.4. Quanto à ideologia | 27 |
|          2.4.2.5. Quanto à extensão | 27 |
|          2.4.2.6. Quanto ao conteúdo | 27 |
|          2.4.2.7. Quanto à forma | 27 |
|          2.4.2.8. Quanto ao processo de mudança | 27 |
|       2.4.3. Constituição da República Federativa do Brasil de 1988: breve apresentação e classificação | 28 |
| **3. O Direito à Previdência Social e as Constituições** | 29 |
|    3.1. A Constitucionalização dos Direitos Sociais | 29 |
|    3.2. Direitos Humanos Fundamentais e os Direitos Sociais | 31 |
|       3.2.1. Gerações dos direitos humanos fundamentais | 31 |
|       3.2.2. Pacto Internacional sobre Direitos Econômicos, Sociais e Culturais | 32 |
|    3.3. Previdência Social e as Constituições no Brasil — Evolução Histórica | 34 |

      3.3.1. Constituição de 1824 ................................................ 35
      3.3.2. Constituição de 1891 ................................................ 35
      3.3.3. Constituição de 1934 ................................................ 36
      3.3.4. Constituição de 1937 ................................................ 37
      3.3.5. Constituição de 1946 ................................................ 38
      3.3.6. Constituição de 1967 e a Emenda Constitucional n. 1 de 1969 ........................................................................ 39
  3.4. O Direito à Previdência Social nas Constituições no Mundo ... 40
      3.4.1. Análise do direito à previdência social nas Constituições estrangeiras ............................................................... 40
      3.4.2. Quadro comparativo de tratamento do direito à previdência social nas Constituições estrangeiras: referência, inserção nos direitos fundamentais ou direitos sociais e grau de detalhamento ....................................... 52

**4. Previdência Social e a Constituição de 1988** ............................... 53
  4.1. Princípios Fundamentais da República Federativa do Brasil ... 53
  4.2. Direito Social Fundamental ................................................... 55
  4.3. Princípios Constitucionais Previdenciários ............................ 57
  4.4. Previdência Social e Seguridade Social ................................ 59
  4.5. Competência Legislativa ........................................................ 60
  4.6. Organização do Sistema Previdenciário: Os Regimes Previdenciários ............................................................................... 61
      4.6.1. Regime Geral de Previdência Social ........................ 61
      4.6.2. Regimes Próprios de Previdência Social ................. 62
      4.6.3. Regime de Previdência Complementar Privada ....... 64
  4.7. Custeio da Previdência Social ............................................... 64
  4.8. Normas Constitucionais Diversas Relacionadas à Previdência Social ............................................................................... 66
  4.9. As Reformas Previdenciárias ................................................ 67

**5. Considerações Finais** .................................................................. 71
**Referências** ..................................................................................... 75
**Anexo A** — A previdência social na Constituição de 1988 ............... 79
**Anexo B** — A previdência social nas Constituições brasileiras, de 1824 a 1969 ............................................................................ 91
**Anexo C** — A previdência social nas Constituições ao redor do mundo . 102
**Anexo D** — Previdência social no Brasil: cobertura social e redução da pobreza ........................................................................... 123

# PREFÁCIO

A previdência social é, de fato, um dos mais complexos sistemas de política pública criados pelos seres humanos. Ela envolve, simultaneamente, diversas gerações em um pacto social de solidariedade e reciprocidade, abrangendo a retribuição a contribuições feitas, bem como elementos de redistribuição de renda. Seu desenho pode ser mais claramente contributivo ou universal redistributivo.

Além disso, a previdência social está profundamente vinculada às transformações da sociedade à qual serve, pois o destino da proteção social em um determinado país está fortemente entrelaçado com as mudanças econômicas, sociais, culturais, demográficas e de valores que ocorrem permanentemente e requerem ajustes do modelo de proteção social, sob pena de este não mais conseguir atender às necessidades dessa mesma sociedade.

As impressões digitais deixadas ao longo dessa trajetória são encontradas de modo privilegiado na evolução da legislação previdenciária. Esta consubstancia, inscreve, esculpe, na linguagem do direito, os princípios de funcionamento, alcances, propósitos, desejos e valores que uma determinada sociedade estipula quanto ao seu sistema de proteção social. O estudo da evolução da legislação, bem como a comparação internacional do Direito Previdenciário, pode ser visto, sob este ângulo, como uma leitura da história previdenciária e das diferenças de expectativas depositadas nos diversos sistemas. No caso brasileiro, o estudo das Constituições e, particularmente, dos trechos nela relacionados à previdência social, bem como de suas mudanças, são eloqüentes para a compreensão dos fins, potencialidades e limites da proteção social previdenciária no país.

O autor deste livro atua há alguns anos na Secretaria de Políticas de Previdência Social — SPS e, mais especificamente, na supervisão dos Regimes Próprios de Previdência Social — RPPS dos servidores públicos dos Estados e Municípios. Com este seu trabalho, intitulado *A Constituição e o Direito à Previdência Social*, ele buscou produzir um estudo que permita uma maior compreensão sobre o direito à previdência social.

A linha de raciocínio que conduz o texto, como o próprio título da obra já deixa explícito, se assenta nas relações existentes entre o direito à previdência social e as Constituições. Segue nesse ponto uma tendência de muitas obras jurídicas produzidas nos últimos anos, nas quais se procura compreender um determinado direito não apenas pelo que ditam as leis, decretos e regulamentos, mas em primeiro plano pelo que a respeito desse direito se encontra estabelecido na "Lei Maior", a Constituição.

Assim, no espírito do que foi dito mais acima, ao partir do estudo de como se deu a constitucionalização dos direitos sociais, segue pela evolução histórica do tratamento dado ao direito à previdência social em cada uma das Constituições brasileiras, até chegar no nível de detalhamento encontrado em nossa atual Constituição de 1988. Julgo como muito relevante também a ampla pesquisa sobre a previdência social nas Constituições de outros países, mostrando que tal direito tem hoje, pelo menos no que diz respeito à sua afirmação pelas cartas constitucionais, um caráter quase universal.

Neste sentido, agradeço pela distinção em poder fazer a apresentação deste livro e quero recomendar a todos uma proveitosa leitura na nossa própria história previdenciária.

Helmut Schwarzer
Secretário de Políticas de Previdência Social
do Ministério da Previdência Social

# 1. INTRODUÇÃO

A previdência social é, sem sombra de dúvida, um dos temas ao qual nosso legislador constituinte dedicou maior atenção.

Para que não haja dúvidas a esse respeito, basta analisar o texto da Constituição de 1988 para se constatar que:

a) as regras constitucionais de natureza previdenciária estão concentradas em quatro artigos (40, 195, 201 e 202), nos quais são extremamente detalhadas (eles possuem ao todo cinqüenta e três parágrafos);

b) porém, além dos quatro artigos mencionados, a previdência social é referida em outros dezoito artigos, aparecendo inicialmente no art. 6º e espalhando-se por todo o texto constitucional, até alcançar os seus três últimos artigos (248, 249 e 250);

c) uma "medição gráfica" da Constituição mostra que perto de 10% (dez por cento) do seu conteúdo está relacionado às regras sobre a previdência social;

d) além disso, três Emendas Constitucionais (ns. 20/1998, 41/2003 e 47/2005) vieram tratar exclusivamente das "reformas previdenciárias".

Com certeza não basta uma simples exposição "matemática", como a apresentada no parágrafo anterior, para que o estudioso do Direito Constitucional seja convencido da relevância jurídica da previdência social. Porém, ela é suficiente para que se coloquem algumas questões:

a) por que o poder constituinte originário de 1988, acompanhado nos anos seguintes pelo poder constituinte reformador, optou por tratar de forma tão detalhada a previdência social?

b) a Constituição de 1988 inovou, em relação a nossas Constituições anteriores, no detalhamento do tema previdência social?

c) como as Constituições de outros países do mundo tratam a previdência social?

d) como o direito à previdência social foi inserido nas Constituições, no Brasil e no mundo, ao longo da história?

e) que posição jurídica o direito à previdência social ocupa na Constituição de 1988?

f) é possível que o direito à previdência social seja "desconstitucionalizado"?

Para que se possa encontrar respostas a tais questões, é necessário empreender uma pesquisa que busque identificar como se desenvolveu, ao longo do tempo, a relação entre as Constituições e a previdência social, e como ela se encontra hoje.

Dessa forma, o ponto de partida deste trabalho será a compreensão do que é o Direito Constitucional, de como surgiram as Constituições e o constitucionalismo, e de como este evoluiu até se chegar ao constitucionalismo contemporâneo. Em que momento as Constituições deixaram de voltar sua atenção apenas à tutela dos direitos e garantias individuais e passaram a contemplar também os direitos sociais, dentre os quais se inclui a previdência social?

Ao final desta monografia, no Anexo A (*A previdência social na Constituição de 1988*), o leitor encontrará todos os dispositivos da Constituição de 1988 nos quais a previdência social é referida, com as alterações introduzidas pelas Emendas Constitucionais ns. 20/1998, 41/2003 e 47/2005. Não se objetivará neste trabalho comentar de forma individualizada e detalhada cada um desses dispositivos, porém no capítulo 4 será apresentada uma visão panorâmica sobre a previdência social na Constituição de 1988.

No Anexo B (*A previdência social nas Constituições brasileiras, de 1824 a 1969*), encontra-se a seleção e transcrição dos dispositivos relacionados à previdência social, que constaram de cada uma das Constituições brasileiras, partindo-se da Constituição do Império de 1824 até se chegar à Constituição do regime militar de 1967 e à Emenda Constitucional n. 1 de 1969.

Parte do capítulo 3 será destinada a comentar como a previdência social foi tratada em nossas Constituições, realizando-se também um paralelo com a evolução da legislação ordinária a elas contemporânea.

O Anexo C (*A previdência social nas Constituições ao redor do mundo*) traz o resultado de pesquisa realizada nas Constituições de 35 países, de todos os continentes, com maior destaque para aqueles da América Latina e Europa, mostrando como o direito à previdência social aparece hoje em cada um deles.

A última parte do capítulo 3 será dedicada a analisar e comentar cada uma dessas Constituições, sendo finalizado com a apresentação de um quadro comparativo em que elas são classificadas de acordo com os seguintes critérios:

a) menção ao direito à previdência social no texto constitucional;

b) inserção do direito à previdência social entre os direitos fundamentais ou direitos sociais;

c) grau de detalhamento das regras relativas ao direito à previdência social.

Finalmente, no Anexo D (*Previdência Social no Brasil: cobertura social e redução da pobreza*), são apresentados alguns gráficos, elaborados pela Secretaria de Políticas de Previdência Social — SPS, do Ministério da Previdência Social — MPS, a partir de dados extraídos da Pesquisa Nacional por Amostra de Domicílios — PNAD 2007, realizada pelo Instituto Brasileiro de Geografia e Estatística — IBGE, que demonstram a parcela da população brasileira coberta pela previdência social e o papel que esta exerce na redução dos níveis de pobreza.

A metodologia empregada para o desenvolvimento do trabalho foi essencialmente a pesquisa bibliográfica, por meio da leitura e estudo de manuais de Direito Constitucional e de Direito Previdenciário, além de artigos jurídicos, complementada pela pesquisa legislativa nas Constituições do Brasil, nas Constituições de outros países e em tratados internacionais sobre direitos humanos e direitos sociais. Os artigos jurídicos, Constituições e tratados foram obtidos por meio de pesquisas na rede mundial de computadores (*Internet*).

Portanto, em síntese, este livro intitulado *A Constituição e o Direito à Previdência Social* dedica-se ao estudo da relação entre as Constituições e a previdência social, no passado e no presente, no Brasil e em outras partes do mundo, com o objeto de compreender por que esse direito ganhou tanta relevância, especialmente em nossa atual Constituição de 1988.

# 2. DIREITO CONSTITUCIONAL, CONSTITUCIONALISMO, CONSTITUIÇÃO E PODER CONSTITUINTE

## 2.1. DIREITO CONSTITUCIONAL

Embora o Direito, como ciência jurídica, represente um todo, por razões didático-pedagógicas costuma-se adotar a sua divisão em dois grandes grupos, o "Direito Público" e o "Direito Privado", partindo-se daí a várias outras subdivisões a que se denominam "ramos do Direito", dentre os quais se encontra e sobressai o Direito Constitucional.

O jurista português *Jorge Miranda* define o Direito Constitucional como:

> "a parcela da ordem jurídica que rege o próprio Estado, enquanto comunidade e enquanto poder. É o conjunto de normas (disposições e princípios) que recordam o contexto jurídico correspondente à comunidade política como um todo e aí situam os indivíduos e os grupos uns em face dos outros e frente ao Estado-poder e que, ao mesmo tempo, definem a titularidade do poder, os modos de formação e manifestação da vontade política, os órgãos de que esta carece e os actos em que se concretiza."[1]

Para outros, o Direito Constitucional desdobra-se em duas dimensões[2]:

a) sintética, como a ciência encarregada de estudar a Teoria das Constituições e o ordenamento positivo dos Estados;

b) analítica, como a parcela da ordem jurídica que designa a ordenação sistemática e racional de um conjunto de normas supremas que organizam a estrutura do Estado e delimitam as relações de poder.

*José Afonso da Silva* apresenta uma definição de Direito Constitucional bastante concisa e que exprime bem o seu significado: "Ramo do Direito

---
(1) MIRANDA, Jorge *apud* MORAES, Alexandre de. *Direito constitucional.* 9. ed. São Paulo: Atlas, 2001. p. 33.
(2) BULOS, Uadi Lammêgo. *Constituição Federal anotada.* 6. ed. São Paulo: Saraiva, 2005. p. 2.

Público que expõe, interpreta e sistematiza os princípios e normas fundamentais do Estado."[3] Em seguida, acrescenta, citando *Pinto Ferreira*: "O Direito Constitucional é a ciência positiva das constituições."

O Direito Constitucional é reconhecido como o Direito Público Fundamental, pois todos os demais "ramos do Direito" encontram nele a fonte de seus preceitos fundamentais.

O objeto do Direito Constitucional é o estudo sistematizado das Constituições, permitindo que se conheçam as normas fundamentais de organização do Estado (estrutura, forma de governo, modo de aquisição e exercício do poder, estabelecimento de seus órgãos, limites de sua atuação), os direitos fundamentais do homem e respectivas garantias e regras básicas da ordem econômica e social.

Já o conteúdo científico do Direito Constitucional pode ser dividido em três disciplinas de estudo: Direito Constitucional Positivo, Particular ou Interno; Direito Constitucional Comparado e Direito Constitucional Geral.

O Direito Constitucional Positivo (ou Particular ou Interno) é aquele que estuda os princípios e normas de uma Constituição concreta, de um determinado Estado, compreendendo a interpretação, sistematização e crítica das normas jurídico-constitucionais vigentes nesse Estado.

O Direito Constitucional Comparado é um método voltado ao estudo das normas jurídico-constitucionais, vigentes ou não, de vários Estados, buscando compará-las com o ordenamento constitucional de um determinado povo, identificando diferenças e semelhanças.

Por fim, o Direito Constitucional Geral é uma ciência ligada à Teoria Geral do Direito que busca classificar os diversos conceitos e princípios gerais e teóricos do Direito Constitucional. Seu objeto abrange o próprio conceito de Direito Constitucional, seu objeto genérico, conteúdo, relações com outras disciplinas, fontes, categorias gerais, teoria da Constituição e do poder constituinte, hermenêutica, interpretação e aplicação das normas constitucionais.

## 2.2. CONSTITUCIONALISMO

### 2.2.1. Significado

O termo constitucionalismo, num sentido bastante amplo, pode ser entendido como o fenômeno relacionado ao fato de que todo Estado, em qualquer época da humanidade, independentemente do regime político adotado,

---

(3) SILVA, José Afonso da. *Curso de direito constitucional positivo*. 10. ed. São Paulo: Malheiros, 1995. p. 38.

sempre dispôs de uma norma básica para conferir poderes ao soberano e ordenar, com supremacia e coercitividade, a vida do povo.

Num sentido estrito e mais próprio, o constitucionalismo refere-se à técnica jurídica de tutela das liberdades, surgida nos fins do século XVIII, fundada em um conjunto de normas, instituições e princípios positivos, que possibilitou aos cidadãos exercerem, com base em Constituições escritas, os seus direitos e garantias fundamentais, sem que o Estado lhes pudesse oprimir pelo uso da força e do arbítrio.

### 2.2.2. Evolução

A evolução do constitucionalismo pode ser estudada nas seguintes etapas[4]:

1ª etapa — constitucionalismo primitivo;

2ª etapa — constitucionalismo antigo;

3ª etapa — constitucionalismo da Idade Média;

4ª etapa — constitucionalismo moderno;

5ª etapa — constitucionalismo contemporâneo.

Ressalve-se, porém, que alguns autores somente consideram o seu surgimento a partir do final do século XVIII, com o constitucionalismo moderno.

#### 2.2.2.1. Constitucionalismo primitivo

Nesse período é necessário que o constitucionalismo seja entendido no sentido amplo e sua manifestação baseava-se na observância reiterada dos padrões de comportamento pelos povos primitivos, ligados a organizações consuetudinárias dirigidas pelos chefes familiais e líderes de clãs.

*Karl Loewestein* cita a estruturação do antigo Estado Teocrático hebreu, no qual as relações entre os governantes e os governados eram estabelecidas e limitadas segundo os padrões bíblicos, como a primeira manifestação do movimento constitucionalista primitivo[5].

O constitucionalismo primitivo apresentava as seguintes características:

a) os direitos, prerrogativas e deveres não estavam depositados em instrumentos constitucionais escritos;

b) cada comunidade regia-se por costumes próprios, reiterados nas condutas sociais, e o contato com outros grupos era reduzido;

---

(4) BULOS, Uadi Lammêgo. *Op. cit.*, p. 9-22.
(5) LOEWESTEIN, Karl *apud* BULOS, Uadi Lammêgo. *Op. cit.,* p. 10.

c) os anciãos dos clãs ou etnias traçavam regras de comportamento a serem observadas pelos membros da comunidade;

d) influência direta da religião, sob o temor dos poderes sobrenaturais e a crença de que os líderes eram representantes divinos;

e) uso de meios de constrangimento para assegurar o respeito aos padrões de conduta;

f) existência de "precedentes judiciários" consistentes nas soluções dadas a conflitos semelhantes pelos chefes ou anciãos.

### 2.2.2.2. Constitucionalismo antigo

O constitucionalismo antigo se manifestou em alguns períodos do Império Romano, como forma de limitação dos poderes do Imperador e de interditos que buscavam proteger os direitos individuais dos abusos do Estado. Aparece também nas democracias constitucionais das Cidades-Estado da Grécia.

Suas principais características foram:

a) inexistência de Constituições escritas, prevalecendo os acordos de vontade sobre as proclamações de direitos e garantias fundamentais;

b) supremacia do Parlamento, que não se subordinava a qualquer outro poder, não existindo controle de constitucionalidade de seus atos;

c) atos legislativos ordinários podiam alterar as proclamações constitucionais de direitos e garantias;

d) os detentores do poder (reis, imperadores, déspotas) não se sujeitavam a limites de sua atuação, caracterizando-se uma irresponsabilidade governamental.

### 2.2.2.3. Constitucionalismo da Idade Média

O constitucionalismo da Idade Média revela-se como um prenúncio do constitucionalismo moderno, com especial evolução no constitucionalismo inglês. Nessa época, o jusnaturalismo ganha força, passando a representar uma limitação ao poder arbitrário do soberano, sujeitando-o a algum controle jurisdicional.

Em 1215 foi outorgada na Inglaterra, pelo Rei João Sem-Terra, a *Magna Charta Libertatum* (acordo entre o rei e seus súditos, para que a Coroa respeitasse os seus direitos), instrumento que se caracteriza como um marco no processo histórico do constitucionalismo e que antecedeu as declarações de direitos fundamentais. Posteriormente surgiram outros documentos, como: *Petition of Rights* (1628), *Habeas Corpus Act* (1679), *Bill of Rights* (1689) e *Act of Settlement* (1701).

Neles foram sendo modeladas liberdades públicas que mais tarde seriam consagradas nas modernas Constituições, tais como: garantia da liberdade e propriedade (*liberty and property*), direito de petição, instituição do júri, cláusula do devido processo legal (*due process of law*), *habeas corpus*, princípio do livre acesso à justiça, liberdade de religião, proporcionalidade na aplicação das penas.

São então traços característicos do constitucionalismo da Idade Média:

a) conquista das liberdades humanas fundamentais, na forma de garantia a direitos individuais oponíveis ao Estado;

b) afirmação da igualdade dos cidadãos perante o Estado, excluindo-se o poder arbitrário e abrindo caminhos para o amadurecimento do "governo da lei" (*Rule of Law*);

c) reivindicação do primado da função judiciária;

d) predomínio da concepção jusnaturalista de Constituição, segundo o pensamento de que as leis preexistem aos próprios homens;

e) existência de documentos garantidores de liberdades públicas, que funcionavam como Constituições não escritas, firmados por meio de pactos, forais ou cartas de franquia e contratos de colonização;

f) surgimento da idéia de que a autoridade dos governantes se fundava num contrato com os súditos, os quais obedeceriam à realeza na proporção do comprometimento do soberano com a justiça.

### 2.2.2.4. Constitucionalismo moderno

O constitucionalismo ganhou força como movimento jurídico, social, político e ideológico no final do século XVIII e materializou-se nas seguintes Constituições escritas e rígidas:

a) *Constituição dos Estados Unidos da América, de 1787*: instituiu o federalismo e o Presidencialismo; rígida separação dos Poderes: Legislativo (bicameralista — Senadores e Deputados); Executivo (Presidencialismo) e Judiciário (Suprema Corte); seu texto é bastante curto, formado por sete artigos, aos quais se acrescentaram ao longo do tempo vinte e seis emendas.

b) *Constituição Francesa de 1791*: manteve a monarquia constitucional, limitando os poderes reais; separação dos Poderes, sem tanto rigor: Legislativo (unicameralista — Assembléia Legislativa); Executivo (realeza) e Judiciário (Tribunal de Cassação).

O constitucionalismo moderno trouxe como contribuições:

a) as Constituições passaram a ser escritas, instrumentalizando as ordenações constitucionais em documentos formais, dotados de coercibilidade, instrumentalidade e segurança jurídica;

b) os textos constitucionais passam a ser produzidos pelo Poder Constituinte Originário, que não se confunde com o poder constituinte derivado e com os poderes constituídos (Executivo, Legislativo e Judiciário);

c) as reformas Constitucionais submetem-se a um processo legislativo cerimonioso, baseado em critérios solenes, dificultosos e demorados, favorecendo as Constituições rígidas e as cláusulas pétreas;

d) surge a doutrina do poder constituinte decorrente, incumbido da criação e reforma das cartas constitucionais dos Estados-membros;

e) distinção entre as categorias de "Constituição dogmática" (escrita e sistematizada por um órgão constituinte soberano) e "Constituição histórica" (resultado dos costumes e tradições seculares dos povos);

f) supremacia material e formal das Constituições, elevando o Direito Constitucional à categoria de Direito Público Fundamental;

g) surgimento das concepções de controle de constitucionalidade das leis e dos atos normativos;

h) limitação das funções estatais;

i) primazia do princípio da separação dos poderes e responsabilização dos agentes públicos;

j) tutela reforçada dos direitos e garantias fundamentais, obrigando todo o Estado;

k) princípio da força normativa das Constituições, segundo o qual elas promovem coercitivamente a direção social, política, econômica e cultural do Estado.

O constitucionalismo moderno marca a vitória do Estado Liberal sobre o Estado Absolutista e coloca fim ao feudalismo e ao protecionismo mercantilista. Suas preocupações centram-se na defesa da liberdade e da propriedade e por essas razões ele é também conhecido como constitucionalismo liberal.

### 2.2.2.5. *Constitucionalismo contemporâneo*

O constitucionalismo contemporâneo desenvolveu-se ao longo do século XX, tendo como características marcantes:

a) existência de documentos constitucionais amplos, analíticos e extensos, chegando a se falar em uma espécie de "totalitarismo constitucional";

b) alargamento dos temas constitucionais, passando a abranger regras que normalmente seriam tratadas por leis ordinárias, tais como direitos econômicos e sociais;

c) disseminação da idéia de Constituição dirigente ou programática, passando a preordenar a ação governamental do Estado;

d) surgimento de novos modelos de compreensão constitucional, tais como: Constituição como ordem jurídica fundamental; Constituição dirigente; Constituição programa; Constituição como meio de resolução de conflitos.

Os teóricos do constitucionalismo contemporâneo apresentaram diferentes proposições na tentativa de se buscar compreender a finalidade e o sentido de uma Constituição. Para citar apenas alguns:

a) documento que cria os fundamentos e normatiza os princípios da unidade política do Estado (*Konrad Hesse*);

b) lei material que estabelece uma direção política permanente para o Estado, conformando a sociedade e preordenando a ação governamental em direção a programas a serem realizados, objetivos e princípios de transformação econômica e social; *Constituição-dirigente* (*José Joaquim Gomes Canotilho*);

c) Constituição como norma jurídica fundamental do ordenamento jurídico (*Hans Kelsen*).

Se o constitucionalismo moderno ou liberal teve o seu início marcado pelas Constituições dos Estados Unidos (1787) e da França (1791), o constitucionalismo contemporâneo (ou constitucionalismo social) teve como paradigmas as Constituições do México, de 1917, e da Alemanha (Weimar), de 1919. Tais Constituições, pela sua importância e relação com o tema desta monografia, serão estudadas com maior detalhe mais adiante.

## 2.3. PODER CONSTITUINTE

A doutrina do poder constituinte foi concebida durante a Revolução Francesa, no período do constitucionalismo moderno, tendo se manifestado também no processo que culminou com a formulação da Constituição dos Estados Unidos.

O poder constituinte "é a manifestação soberana da suprema vontade política de um povo, social e juridicamente organizado"[6]. É dele o atributo de produção das normas relativas à organização estatal, dispostas em uma Constituição.

A manifestação do poder constituinte pode ser originária, na etapa de criação ou elaboração constitucional, ou derivada, quando de sua reformulação.

O poder constituinte originário é inicial, fundacional, genuíno, de primeiro grau, juridicamente ilimitado. Atua como "potência" criadora da Constituição, organizando juridicamente o Estado e o próprio ordenamento jurídico-positivo.

---

(6) MORAES, Alexandre de. *Op. cit.*, p. 52.

Já o poder constituinte derivado atua como uma "competência" e é instituído pelo próprio constituinte originário, com o encargo de reformular a Constituição, adaptando-a à realidade dos fatos, dentro dos limites nela próprios estabelecidos, sem que se necessite recorrer a um novo poder constituinte originário.

## 2.4. CONSTITUIÇÃO

### 2.4.1. Conceito

O vocábulo "Constituição" tem sua origem no verbo latino *constituere*, que transmite as idéias de constituir, estabelecer, organizar, delimitar. Porém, não existe um conceito único que possa expressar o seu significado.

Como definições doutrinárias, podem ser apresentadas as seguintes:

"A Constituição é o conjunto de regras relativas ao Governo e à vida da comunidade estatal, encaradas sob o ponto de vista fundamental de sua existência. Esse conjunto se desdobra em regras relativas à organização social essencial, isto é, à ordem individualista e às liberdades individuais, e em regras relativas à organização política e ao funcionamento do Governo."[7]

"A Constituição contém os princípios jurídicos que designam os órgãos supremos do Estado, estabelecendo o modo de sua criação, suas relações recíprocas, sua esfera de ação e fixam a posição fundamental do indivíduo em face do poder estatal."[8]

*Canotilho* apresenta os conceitos de Constituição moderna e de Constituição histórica, da seguinte forma[9]:

"Por Constituição moderna entende-se a ordenação sistemática e racional da comunidade política através de um documento escrito no qual se declaram as liberdades e os direitos e se fixam os limites do poder político. Podemos desdobrar este conceito de forma a captarmos as dimensões fundamentais que ele incorpora: (1) ordenação jurídico-política plasmada num documento escrito; (2) declaração, nessa carta escrita, de um conjunto de direitos fundamentais e do respectivo modo de garantia; (3) organização do poder político segundo esquemas tendentes a torná-lo um poder limitado e moderado."

---

(7) HAURIOU, Maurice *apud* HORTA, Raul Machado. *Direito constitucional*. 2. ed. Belo Horizonte: Del Rey, 1999. p. 50.

(8) JELLINEK, Georg *apud* HORTA, Raul Machado. *Op. cit.*, p. 50.

(9) CANOTILHO, José Joaquim Gomes. *Direito constitucional e teoria da Constituição*. 3. ed. Coimbra, Portugal: Livraria Almedina, 1999. p. 48-49.

"Por Constituição em sentido histórico entender-se-á o conjunto de regras (escritas ou consuetudinárias) e de estruturas institucionais conformadoras de uma ordem jurídico-política num determinado sistema político-social."

### 2.4.2. Classificação

A classificação ou tipologia das Constituições não é uniforme entre os doutrinadores, apresentando variações entre um autor e outro, conforme o enfoque pelo qual seja analisada.

Será adotado aqui um desses modelos de classificação, devendo ser lembrado que a utilidade da classificação consiste na possibilidade de se identificar quais são as características que permitem distinguir entre um e outro tipo de Constituição.

#### 2.4.2.1. Quanto à origem

a) *Constituições históricas (ou histórico-costumeiras)*: Originam-se da tradição, dos usos e costumes, da religião, da geografia, das relações políticas e econômicas. O titular do poder constituinte é indeterminado e surgem a partir de um lento processo de sedimentação consuetudinária.

b) *Constituições democráticas (ou populares, promulgadas, votadas)*: Originam-se da participação popular, por intermédio dos representantes eleitos para integrarem a Assembléia Constituinte.

c) *Constituições outorgadas*: Derivam de uma concessão do governante, que titulariza o poder constituinte originário, sem qualquer participação popular.

d) *Constituições pactuadas (ou dualistas)*: Surgem mediante pacto entre o soberano e a organização nacional.

e) *Constituições cesaristas*: São aquelas nas quais a participação popular serve apenas para legitimar a presença do detentor do poder, por meio de plebiscito ou referendo.

#### 2.4.2.2. Quanto à essência

a) *Constituição normativa*: É aquela que, além de juridicamente válida, está em perfeita consonância com o processo político e social.

b) *Constituição semântica*: É um documento apenas formal, que em nada altera o exercício do poder pelos seus detentores.

c) *Constituição nominal*: É aquela cujo caráter é educativo e prospectivo, esperando-se que um dia venha a ser realizada na prática.

*2.4.2.3. Quanto à sistematização*

a) *Constituição unitária (ou reduzida, unitextual, codificada)*: É aquela que se apresenta em um documento único, exaustivo de todo o seu conteúdo.

b) *Constituição variada (ou não codificada)*: É aquela cujo texto se encontra espalhado por diferentes diplomas legais.

*2.4.2.4. Quanto à ideologia*

a) *Constituição ortodoxa*: Elaborada com base num pensamento ideológico único e centralizado.

b) *Constituição eclética*: Oriunda do debate de ideologias e pensamentos diversos, que acabam por se conciliar.

*2.4.2.5. Quanto à extensão*

a) *Constituição sintética*: É aquela em que o texto é disposto de modo breve, resumido, conciso, sem o predomínio de pleonasmos, repetições ou construções prolixas. São caracterizadas pelas chamadas Constituições negativas, Constituições-garantia ou Constituições-quadro.

b) *Constituição analítica*: É aquela cujo texto é amplo, detalhista, minucioso e pleonástico. Identificam-se nas Constituições-dirigentes.

*2.4.2.6. Quanto ao conteúdo*

a) *Constituição material (ou substancial)*: É o conjunto de normas substancialmente constitucionais, escritas ou costumeiras, que podem vir ou não codificadas em um texto exaustivo de todo o seu conteúdo.

b) *Constituição formal (ou procedimental)*: É o documento escrito e solene oriundo da manifestação constituinte originária.

*2.4.2.7. Quanto à forma*

a) *Constituição escrita (ou instrumental)*: As normas vêm prescritas de modo sistemático e codificado em documentos solenes, por intermédio da grafia.

b) *Constituição não escrita*: As normas não vêm grafadas de modo único, sistemático, codificado e exaustivo num documento formal e solene.

*2.4.2.8. Quanto ao processo de mudança*

a) *Constituição rígida*: Suscetível de mudança somente por intermédio de um processo solene e complicado, bem mais específico e rigoroso do que aquele utilizado para modificar as leis comuns. É alterada pelo poder constituinte derivado ou reformador.

b) *Constituição flexível*: As modificações podem ocorrer a todo o momento, sem um processo formal, complexo ou solene. É alterada pelo poder legislativo ordinário.

c) *Constituição transitoriamente flexível*: Durante um período pode ser reformada pelo mesmo rito das leis comuns, retornando depois ao processo rígido.

d) *Constituição semi-rígida ou semiflexível (mista)*: Tem uma parte de seu texto rígida e outra parte flexível.

e) *Constituição fixa*: Somente pode ser modificada por um poder de competência idêntica àquele que a criou; ou seja, só pode ser alterada pelo poder constituinte originário.

f) *Constituição imutável (granítica, permanente, intocável)*: Pretende ser eterna, não passível de qualquer tipo de mudança.

### 2.4.3. Constituição da República Federativa do Brasil de 1988: breve apresentação e classificação

Por meio da Emenda Constitucional n. 26/1985, o então Presidente da República, José Sarney, convocou a Assembléia Nacional Constituinte, que foi instalada em 1º de fevereiro de 1987, em sessão presidida pelo Presidente do Supremo Tribunal Federal, Ministro José Carlos Moreira Alves.

A Constituição de 1988 foi fortemente marcada pelo desejo do legislador constituinte de assegurar mecanismos de proteção à democracia e aos direitos individuais, fruto do período de mais de duas décadas de regime militar.

Sua elaboração sofreu também a influência de textos constitucionais de outros países, devendo ser destacada em especial a Constituição da República Portuguesa, de 1976.

De acordo com o modelo de classificação das Constituições apresentado, a Constituição de 1988 pode ser assim classificada: **democrática** (quanto à origem), **nominal** (quanto à essência), **unitária** (quanto à sistematização), **eclética** (quanto à ideologia), **analítica** (quanto à extensão), **formal** (quanto ao conteúdo), **escrita** (quanto à forma) e **rígida** (quanto ao processo de mudança).

Desde a sua aprovação até o final de 2007, a Constituição de 1988 recebeu 56 Emendas Constitucionais, além das 06 Emendas Constitucionais de Revisão, aprovadas em 1994.

# 3. O DIREITO À PREVIDÊNCIA SOCIAL E AS CONSTITUIÇÕES

## 3.1. A CONSTITUCIONALIZAÇÃO DOS DIREITOS SOCIAIS

O constitucionalismo moderno ou liberal preocupou-se em consagrar os direitos individuais e políticos, que possuíam um aspecto sobretudo formal, exigindo do Estado uma atitude negativa, ou seja, uma não-intervenção em relação aos direitos individuais.

Esse não-intervencionismo do Estado Liberal favoreceu o desenvolvimento da Revolução Industrial ao longo do século XIX, porém permitiu também grande concentração dos meios de produção nas mãos de uns poucos capitalistas e forte exploração da mão-de-obra trabalhadora, gerando um quadro crônico de desigualdades e exclusão social. Esse quadro levou ao desenvolvimento de movimentos políticos que vieram a desembocar em guerras, revoltas e revoluções no início do século XX.

Surge então, como resposta ao individualismo do constitucionalismo liberal, o constitucionalismo social, que considera como função do Estado a realização da justiça social e vem integrar ao texto das Constituições os direitos trabalhistas e sociais.

As duas primeiras "Constituições sociais", que inauguraram a fase do constitucionalismo contemporâneo, foram a Constituição do México (1917) e a Constituição de Weimar (1919).

Entre o final do século XIX e o início do século XX o México passou por um período de forte convulsão política e social. Em 1911 o ditador Porfírio Diaz, que governou o país durante 35 anos, foi obrigado a renunciar. A partir daí, sucederam-se eleições, golpes, renúncias, assassinatos das principais lideranças políticas, períodos de guerra civil e o país somente voltou a estabilizar-se a partir da década de 1930.

Em 1906 o grupo oposicionista Regeneración, que reuniu jovens intelectuais contrários à ditadura de Porfírio Diaz, e era liderado por Ricardo Flore Magón, lançou um manifesto, influenciado pelo pensamento anarcossindicalista de Mikhail Bakunin, no qual foram propostas as linhas mestras do texto constitucional de 1917.

A Assembléia Constituinte foi instalada em 1º de dezembro de 1916 e já em 31 de janeiro de 1917 a Constituição foi promulgada pelo então Presidente Venustiano Carranza (ele também deposto e assassinado em 1920).

Embora o conteúdo social esteja presente em todo o texto da Constituição mexicana, dois dispositivos se destacam:

a) o art. 27, que trata da reforma agrária;

b) o art. 123, no qual são consagrados diversos direitos dos trabalhadores, dentre os quais o direito à previdência social (trabalhadores da iniciativa privada — inciso XXIX da parte A; trabalhadores do serviço público — inciso XI, alínea *a* da parte B):

> "É de utilidade pública a Lei do Seguro Social, que compreenderá seguros por invalidez, por velhice, seguros de vida, de interrupção involuntária do trabalho, de enfermidades e acidentes de trabalho e qualquer outro seguro destinado à proteção e ao bem-estar dos trabalhadores, dos camponeses, dos não-assalariados e de outros setores sociais e respectivos familiares."
>
> (tradução do inciso XXIX da parte A — trabalhadores da iniciativa privada)
>
> "O seguro social se organizará conforme as seguintes bases mínimas: a) cobrirá os acidentes e enfermidades profissionais; as enfermidades não profissionais e maternidade; e a aposentadoria, a invalidez, a velhice e morte."
>
> (tradução do inciso XI, alínea "a" da parte B — trabalhadores do serviço público)

Também a Constituição de Weimar (nome da cidade em que foi instalada a Assembléia Constituinte) nasceu em meio a grandes perturbações sociais pelas quais passava a Alemanha, recém-derrotada e devastada pela Primeira Guerra Mundial, pressionada pelas penalidades impostas pelo Tratado de Versalhes e ameaçada internamente por revoltas comunistas.

A Assembléia Constituinte foi convocada em 20 de janeiro de 1919 e a Constituição foi promulgada em 11 de agosto de 1919.

O projeto da Constituição de Weimar foi redigido pelo professor de origem judaica *Hugo Preuss*, discípulo de *Otto Von Gierke* e de *Max Weber*. Seu texto dividia-se em dois livros: o Livro I tratava da "Estrutura e Fins da República" e o Livro II dos "Direitos e Deveres Fundamentais do Cidadão Alemão". Este era formado por sete capítulos, sendo o capítulo II voltado à "vida social" e o capítulo V à "vida econômica".

O direito à previdência social é encontrado no art. 129, que trata da aposentadoria do servidor público e da pensão para sua família, em caso de falecimento, e no art. 161, que prevê, para os trabalhadores em geral, a proteção à maternidade, à velhice, às debilidades e aos infortúnios, mediante sistema de seguros, com a participação dos segurados:

"Artigo 129

(...) A aposentadoria e as pensões aos dependentes serão reguladas pela lei.

Artigo 161

Com o objetivo de manter a saúde e a capacidade para o trabalho, proteger a maternidade, minimizar as conseqüências econômicas da idade e doença e proteger contra as vicissitudes da vida, o Estado estabelecerá um sistema abrangente de seguros, baseado na capacidade de contribuição dos segurados."

Do ponto de vista da efetiva transformação social e implementação dos direitos nelas previstos, nenhuma dessas duas Constituições teve grande sucesso. A Constituição de Weimar acabou tendo uma curta duração, uma vez que já em 1933 os nazistas assumiram o poder na Alemanha e destruíram a República de Weimar. A Constituição do México, embora ainda em vigor, já sofreu mais de três centenas de alterações e durante muitos anos foi praticamente ignorada pelo governo.

Porém, ao elevarem os direitos econômicos e sociais ao mesmo patamar dos direitos civis e políticos, elas colocaram o princípio da dignidade humana como um objetivo a ser buscado pelo Estado, abriram espaço para o surgimento da democracia social e inauguraram o constitucionalismo social contemporâneo, exercendo profunda influência sobre as Constituições de dezenas de países, inclusive sobre a Constituição da República dos Estados Unidos do Brasil, de 1934.

## 3.2. DIREITOS HUMANOS FUNDAMENTAIS E OS DIREITOS SOCIAIS

### 3.2.1. Gerações dos direitos humanos fundamentais

Os direitos humanos fundamentais são didaticamente classificados em "gerações de direitos", que procuram destacar a sua evolução ao longo dos tempos. Essa classificação compreende as seguintes gerações:

a) *Direitos fundamentais de primeira geração*: Surgidos no final do século XVII, com a limitação do poder estatal e o florescimento das liberdades públicas. Caracterizam-se pelas prestações negativas (dever de não-fazer por parte do Estado) ou formais, pelas garantias e direitos individuais e políticos clássicos (direito à vida, à liberdade de locomoção, de expressão, de credo religioso, de associação, direito ao voto, etc.). Em suma, enfatizam o princípio da **liberdade**. São os direitos fundamentais encontrados na fase do constitucionalismo moderno ou liberal.

b) *Direitos fundamentais de segunda geração*: Aparecem no início do século XX, após a Primeira Guerra Mundial, junto com o constitucionalismo social contemporâneo, e compreendem os direitos sociais, econômicos e culturais. Impõem ao Estado prestações positivas (ações públicas voltadas à sua consecução), reais e concretas, que assegurem o bem-estar e a igualdade. Acentuam o princípio da **igualdade**.

c) *Direitos fundamentais de terceira geração*: Essa classificação foi adotada no final da década de 1970 e ainda não é uniforme na doutrina. Trata dos direitos de titularidade coletiva, tais como o meio ambiente equilibrado, vida saudável e pacífica, avanço do progresso e da tecnologia e direitos do consumidor. Estão ligados ao princípio da **solidariedade** ou **fraternidade**.

d) *Direitos fundamentais de quarta geração*: No início do século XXI começa a ser abordada a existência de uma nova geração de direitos, relacionados à informática, biociências, alimentos transgênicos, clonagens e outros.

### 3.2.2. Pacto Internacional sobre Direitos Econômicos, Sociais e Culturais

O nascimento do chamado Direito Internacional dos Direitos Humanos ocorreu em 10 de dezembro de 1948, quando a Organização das Nações Unidas — ONU, motivada por um dos propósitos que levaram à sua criação, qual seja, o respeito e a proteção aos direitos humanos no âmbito internacional, adotou a Declaração Universal dos Direitos Humanos. Foi estabelecido assim um contraponto à doutrina da soberania nacional absoluta e à exacerbação do positivismo jurídico, que haviam possibilitado o desenvolvimento dos regimes políticos totalitários e as atrocidades cometidas nas duas guerras mundiais.

O art. 25 da Declaração Universal dos Direitos Humanos preceitua que:

"Toda a pessoa tem direito a um nível de vida suficiente para lhe assegurar e à sua família a saúde e o bem-estar, principalmente quanto à alimentação, ao vestuário, ao alojamento, à assistência médica e ainda quanto aos serviços sociais necessários, e tem direito à segurança no desemprego, na doença, na invalidez, na viuvez, na velhice ou noutros casos de perda de meios de subsistência por circunstâncias independentes da sua vontade."

Porém, a proclamação e subscrição da Declaração pelos países-membros da ONU não era apta, por si só, a gerar direitos subjetivos para seus cidadãos ou obrigações internacionais para os Estados, pois possuía apenas a natureza de "recomendação especial" da Assembléia Geral. Era necessário, portanto, que se adotassem documentos que concretizassem a obrigatoriedade jurídica de sua observância.

Dentro desse contexto, a Assembléia Geral das Nações Unidas, em sua XXI Sessão, realizada em 16 de dezembro de 1966, adotou, por meio da

Resolução n. 2.200-A, o Pacto Internacional sobre Direitos Civis e Políticos (PIDCP) e o Pacto Internacional sobre Direitos Econômicos, Sociais e Culturais (PIDESC).

A intenção original era que houvesse um único pacto internacional, congregando os direitos de "primeira geração" (PIDCP) e os de "segunda geração" (PIDESC), mas as divergências surgidas entre os blocos de países liderados pela União Soviética e pelos Estados Unidos acabaram conduzindo à adoção de dois tratados distintos.

Porém, se os países liberais pretendiam separar os direitos humanos em duas categorias com diferentes graus de importância e exigibilidade, essa idéia foi logo rechaçada pela própria ONU, na Conferência Mundial realizada em Teerã, em 1968, na qual se afirmou a indivisibilidade e interdependência dos direitos humanos: "Como os direitos humanos e as liberdades fundamentais são indivisíveis, a realização dos direitos civis e políticos sem o gozo dos direitos econômicos, sociais e culturais torna-se impossível."

Tais características foram confirmadas pela Conferência Mundial sobre Direitos Humanos, realizada em Viena, em 1993: "Todos direitos humanos são universais, indivisíveis, interdependentes e inter-relacionados."

Da indivisibilidade e da interdependência decorrem, respectivamente, as idéias de que:

a) só existe dignidade se todos os direitos humanos (sejam eles civis, políticos, econômicos, sociais ou culturais) forem respeitados;

b) certo direito humano só alcança a sua eficácia plena se estiverem sendo simultaneamente respeitados todos os outros direitos humanos que a ele se relacionem.

Essa equivalência e complementaridade entre os dois grupos de direitos encontra-se expressa no próprio preâmbulo dos Pactos Internacionais de 1966:

"Reconhecendo que, em conformidade com a Declaração Universal dos Direitos do Homem, o ideal do ser humano livre, no gozo das liberdades civis e políticas e liberto do temor e da miséria, não pode ser realizado a menos que se criem as condições que permitam a cada um gozar de seus direitos civis e políticos, assim como de seus direitos econômicos, sociais e culturais."

O art. 27-1 do PIDESC e o art. 49-1 do PIDCP previam a sua entrada em vigor três meses após o depósito do 35º instrumento de ratificação ou adesão junto ao Secretário-Geral da ONU. Curiosamente, entraram em vigor em datas bem próximas: o PIDESC em 3 de janeiro de 1976 e o PIDCP em 23 de março de 1976.

No Brasil, os Pactos Internacionais entraram em vigor a partir de 24 de abril de 1992, sendo observados os seguintes procedimentos para sua adoção:

a) aprovação pelo Congresso Nacional, por meio do Decreto Legislativo n. 226, de 12.12.1991, na forma do art. 49, inciso I da Constituição Federal;

b) depósito da Carta de Adesão junto ao Secretário-Geral da ONU, em 24.1.1992;

c) ratificação pelo Presidente da República, por meio dos Decretos ns. 591 (PIDESC) e 592 (PIDCP), ambos de 6.7.1992.

Dessa forma, os direitos neles previstos foram integrados aos direitos e garantias fundamentais assegurados em nosso ordenamento jurídico, na forma do art. 5º, § 2º da Constituição Federal: "Os direitos e garantias expressos nesta Constituição não excluem outros decorrentes do regime e dos princípios por ela adotados, ou dos tratados internacionais em que a República Federativa do Brasil seja parte."

O art. 9º do Pacto Internacional sobre os Direitos Econômicos, Sociais e Culturais consagra o direito à previdência social e ao seguro social, nos seguintes termos: "Os Estados Partes do presente Pacto reconhecem o direito de toda pessoa à previdência social, inclusive ao seguro social."

Por meio do Decreto Legislativo n. 269, de 18.9.2008, o Congresso Nacional aprovou o texto da Convenção n. 102 da Organização Internacional do Trabalho — OIT, adotada em Genebra, em 28.6.1952, e que fixa os princípios e normas mínimas para a organização dos sistemas de seguridade social.

Após a promulgação, por decreto do Presidente da República, o Brasil se tornará o 44º país do mundo a ratificar a Convenção n. 102 da OIT.

Essa iniciativa se relaciona com a "Agenda Hemisférica do Trabalho Decente para as Américas", que tem como uma de suas metas o aumento em 20% da cobertura previdenciária no continente, até o ano de 2015.

Portanto, além das disposições constitucionais e legais de ordem interna, o Estado brasileiro encontra-se vinculado ao dever de assegurar o direito à previdência social, como um dos pressupostos da dignidade da pessoa humana, também por força do Direito Internacional.

### 3.3. PREVIDÊNCIA SOCIAL E AS CONSTITUIÇÕES NO BRASIL — EVOLUÇÃO HISTÓRICA

Para uma visão histórica da evolução do direito à previdência social nas Constituições brasileiras, o Anexo B (*A previdência social nas Constituições brasileiras, de 1824 a 1969*) desta monografia apresenta uma transcrição de todos os dispositivos relacionados ao assunto, encontrados desde a Constituição do Império de 1824 até a Emenda Constitucional n. 1, de 1969.

Neste capítulo será analisado como a previdência social foi tratada em cada uma dessas Constituições, considerando o contexto histórico e político em que foram produzidas.

### 3.3.1. Constituição de 1824

A "Constituição Política do Império do Brazil", de 1824, foi influenciada pelo liberalismo do século XVIII, cuja característica principal era restringir a atuação do Estado a sua própria auto-organização e à proteção e tutela dos direitos civis individuais.

A estrutura da sociedade brasileira era formada pela classe alta dos senhores de terra e comerciantes ligados ao comércio exterior, uma pequena classe média de funcionários públicos e uma grande massa de trabalhadores miseráveis.

Do ponto de vista da estruturação do poder político, a Constituição de 1824 instituiu um Estado unitário, com forte centralização político-administrativa e com a característica marcante do Poder Moderador (ou função moderada) delegado ao monarca, que lhe permitia interferir no exercício dos demais poderes.

Uma peculiaridade da Constituição de 1824 é que ela foi a primeira Constituição do mundo (antes da Constituição belga de 1831) a consagrar em seu texto uma declaração de direitos e garantias fundamentais. Essa declaração conta de seu art. 179, no qual se encontra o inciso XXXI: "A Constituição tambem garante os soccorros publicos."

A referência aos "socorros públicos", de caráter assistencial bastante vago e escassa efetividade, por não se constituir efetivamente em um dever estatal, é a única referência próxima ao direito à previdência social na Constituição de 1824.

### 3.3.2. Constituição de 1891

A "Constituição da República dos Estados Unidos do Brasil", de 1891, teve sua inspiração no constitucionalismo norte-americano e buscou implantar o modelo federalista. Foi a mais sintética de nossas Constituições, com 91 artigos.

Pela primeira vez o direito à aposentadoria foi previsto como norma constitucional, encontrada em seu art. 75, embora com caráter restritivo em relação aos seus destinatários (funcionários públicos) e ao seu objeto (invalidez no serviço da Nação): "A aposentadoria só poderá ser dada aos funcionários públicos em caso de invalidez no serviço da Nação."

Verifica-se que a Constituição de 1891 não se ocupou em disciplinar a ordem econômica e social, sendo o direito à previdência social referido apenas na forma restrita de seu mencionado art. 75. Porém, coincidentemente, foi no período que imediatamente a antecedeu e nas décadas seguintes, durante sua vigência, que o sistema previdenciário brasileiro começou a se desenvolver em nossa legislação ordinária, principiando pelo funcionalismo público e depois alcançando as categorias mais organizadas do setor privado. Desse período, merecem ser mencionados os seguintes diplomas legais:

a) Lei n. 3.397, de 24.11.1888: caixa de socorros para os trabalhadores das estradas de ferro de propriedade estatal;

b) Decreto n. 9.212-A, de 26.3.1889: montepio obrigatório dos empregados dos correios;

c) Decreto n. 10.269, de 20.7.1889: fundo especial de pensões dos trabalhadores das oficinas da Imprensa Régia;

d) Lei n. 3.724, de 15.1.1919: seguro de acidentes do trabalho;

e) Decreto Legislativo n. 4.682, de 24.1.1923 (Lei Eloy Chaves): autoriza a instituição das Caixas de Aposentadoria e Pensões.

Embora não possa ser considerado exatamente como uma norma que assegure o direito à previdência social, merece ser citado, como curiosidade histórica, o art. 7º das Disposições Transitórias da Constituição de 1891, nos termos do qual:

"É concedida a D. Pedro de Alcântara, ex-Imperador do Brasil, uma pensão que, a contar de 15 de novembro de 1889, garanta-lhe, por todo o tempo de sua vida, subsistência decente. O Congresso ordinário, em sua primeira reunião, fixará o *quantum* desta pensão."

### 3.3.3. *Constituição de 1934*

Foi por meio da Constituição da República dos Estados Unidos do Brasil, de 1934, que ocorreu a constitucionalização dos direitos sociais em nosso país. Fruto da Revolução de 1930, que pretendeu romper com o Estado liberal-oligárquico da República Velha, a sua principal influência veio da Constituição alemã de Weimar, de 1919.

Já em seu preâmbulo, a Constituição de 1934 propugna como missão do Estado brasileiro "organizar um regime democrático, que assegure à Nação a unidade, a liberdade, a justiça e o bem-estar social e econômico". O Título IV, que trata da Ordem Econômica e Social, inicia-se em seu art. 115 pelo condicionamento da ordem econômica aos "princípios da Justiça e as necessidades da vida nacional, de modo que possibilite a todos existência digna".

O direito à previdência social para os trabalhadores em geral é assegurado no art. 121, § 1º, alínea *h*, por meio de "instituição de previdência, mediante contribuição igual da União, do empregador e do empregado, a favor da velhice, da invalidez, da maternidade e nos casos de acidentes de trabalho ou de morte".

Nota-se que já se prevê a participação no custeio da previdência social envolvendo o Poder Público (União), os empregadores e os empregados.

Foi estabelecida a competência da União para legislar sobre "assistência social" (art. 5º, inciso XIX, alínea *c*), cabendo ao Poder Legislativo, com a sanção do Presidente da República, a legislação concernente a "*licenças, aposentadorias e reformas*" (art. 39, item 8, alínea *d*).

A previdência social vem inserida dentro do contexto do Direito do Trabalho, o que guarda coerência com a forte intervenção estatal nas relações trabalhistas durante o governo de Getúlio Vargas, sendo um instrumento de incorporação social controlada dos trabalhadores.

Também o direito à previdência social para os funcionários públicos é tratado de forma bem detalhada, em seu art. 170, estabelecendo a aposentadoria compulsória aos 68 anos de idade e a aposentadoria por invalidez, com vencimentos integrais após trinta anos de serviço, por acidente em serviço ou por doença contagiosa ou incurável.

Ao longo da década de 1930, são criados os Institutos de Aposentadorias e Pensões (IAPs), que englobam toda uma categoria profissional, superando o sistema anterior das pequenas Caixas de Aposentadorias e Pensões, que eram formadas ao nível de empresas, com pequena cobertura previdenciária. Citam-se os seguintes:

a) Instituto de Aposentadorias e Pensões dos Marítimos — IAPM (Decreto n. 22.872/1933).

b) Instituto de Aposentadorias e Pensões dos Comerciários — IAPC (Decreto n. 24.273/1934).

c) Instituto de Aposentadorias e Pensões dos Bancários — IAPB (Decreto n. 24.615/1934).

d) Instituto de Aposentadorias e Pensões dos Industriários — IAPI (Lei n. 367/1936).

e) Instituto de Aposentadorias e Pensões dos Servidores do Estado — IPASE (Decreto-lei n. 288/1938).

f) Instituto de Aposentadorias e Pensões dos Empregados em Transportes e Cargas — IAPTEC (Decreto-lei n. 651/1938).

### 3.3.4. Constituição de 1937

A Constituição de 1934 teve vida bastante curta, uma vez que pouco mais de três anos após a sua promulgação ocorreu o golpe de Estado que deu início ao período do Estado Novo e foi outorgada a Constituição dos Estados Unidos do Brasil de 1937.

No que se refere à previdência social, a Constituição de 1937 não promoveu grandes alterações em relação às disposições que já constavam do texto da Constituição de 1934.

Merece ser destacado o conteúdo de seu art. 177, norma típica de um Estado totalitário, que permitiu a aplicação de uma espécie de "aposentadoria compulsória" aos funcionários públicos que de alguma forma fossem contrários ou inconvenientes ao regime:

"Art. 177 — Dentro do prazo de sessenta dias, a contar da data desta Constituição, poderão ser aposentados ou reformados de acordo com a legislação em vigor os funcionários civis e militares cujo afastamento se impuser, a juízo exclusivo do Governo, no interesse do serviço público ou por conveniência do regime."

### 3.3.5. Constituição de 1946

A Constituição dos Estados Unidos do Brasil de 1946 sucedeu a deposição de Getúlio Vargas e buscou restaurar o regime democrático e o quadro normativo estabelecido pela Constituição de 1934.

No que se refere ao direito à previdência social, devem ser destacadas as seguintes inovações:

a) a competência para legislar sobre previdência social ficou assentada em definitivo, tornando-se competência concorrente entre a União (art. 5º, inciso XV, alínea *b*) e os Estados (art. 6º), em modelo semelhante ao existente na atual Constituição de 1988;

b) foi estabelecida a competência do Tribunal de Contas para julgar a legalidade das aposentadorias, reformas e pensões dos funcionários públicos (art. 77, inciso III);

c) a previdência social deixou de ser apenas um apêndice do Direito do Trabalho, ganhando autonomia, conforme se depreende pela leitura do art. 5º, inciso XV, alíneas *a* e *b* e do art. 157, *caput*;

d) o funcionário público passou a contar com o direito à aposentadoria voluntária após 35 anos de tempo de serviço (art. 191, § 1º), além da aposentadoria por invalidez e da aposentadoria compulsória aos 70 anos de idade (art. 191, incisos I e II). Os vencimentos são integrais com o mínimo de 30 anos de serviço e proporcionais, se contar tempo inferior;

e) pela primeira vez foi previsto que "o tempo de serviço público, federal, estadual ou municipal computar-se-á integralmente para efeitos de disponibilidade e aposentadoria" (art. 192). Embora essa previsão só se tenha materializado por meio da legislação ordinária muitos anos mais tarde, a sua relevância não pode ser olvidada, pois abriu caminho para a contagem recíproca dos tempos de filiação dos regimes de previdência dos funcionários públicos, entre si, e posteriormente também entre eles e o regime geral de previdência social;

f) estabeleceu a paridade entre os proventos da inatividade e os vencimentos dos funcionários em atividade (art. 193).

No campo da legislação ordinária, cumpre destacar a edição, ainda no período Vargas, do Decreto-lei n. 7.526, de 7.5.1945, que pretendia criar o Instituto de Serviços Sociais do Brasil — ISSB, com o objetivo de unificar os

Institutos de Aposentadorias e Pensões — IAPs. A criação do ISSB teve por inspiração o "Relatório Beveridge"[10], que propunha uma estrutura unificada do ponto de vista administrativo e universal em relação às regras de custeio e aos critérios de concessão dos benefícios.

Porém, essa unificação não se materializou, somente vindo a ocorrer com a aprovação da Lei Orgânica da Previdência Social — LOPS (Lei n. 3.807/1960), que promoveu a padronização entre as contribuições e os benefícios nos diversos Institutos, e a criação do Instituto Nacional da Previdência Social — INPS (Decreto-lei n. 72/1966), que unificou administrativamente os IAPs.

### 3.3.6. *Constituição de 1967 e a Emenda Constitucional n. 1 de 1969*

A Constituição da República Federativa do Brasil de 1967 e a Emenda Constitucional n. 1 de 1969, embora tenham restringido os direitos e garantias individuais, mantiveram a estrutura do direito à previdência social já consagrada na Constituição de 1946, acrescentando a ela algumas inovações.

Dentre tais inovações, destacam-se:

a) o seguro de acidentes do trabalho foi finalmente incorporado à estrutura da previdência oficial;

b) aposentadoria voluntária das mulheres aos trinta anos de serviço;

c) exigência de prévia fonte de custeio para a instituição de novos benefícios ou para majoração dos já existentes.

Trouxe também previsão de aposentadoria especial aos 25 anos de serviço aos civis que combateram na Segunda Guerra Mundial.

Foi a partir desse período que o direito à previdência social deixou de beneficiar apenas os funcionários públicos e os trabalhadores urbanos empregados, sendo estendido a outras categorias de trabalhadores, tais como os autônomos, domésticos (Lei n. 5.859/1972) e os rurais (incluídos em um sistema paralelo, de caráter assistencial, o Fundo de Assistência ao Trabalhador Rural — FUNRURAL, criado pela Lei n. 4.214/1963, aperfeiçoado e efetivamente implementado pelas Leis Complementares n. 11/1971 e n. 16/1973).

Por meio da Lei n. 6.439/1977, foi instituído o Sistema Nacional de Previdência e Assistência Social — SINPAS, com o objetivo de integrar as atividades de previdência social, assistência médica e assistência social e a gestão

---

(10) Em 1942, o economista William Henry Beveridge apresentou o *Report on Social Insurance and Allied Services*, (*Beveridge Report* ou Relatório Beveridge), propondo ao governo inglês uma série de medidas para combater os grandes males sociais (escassez, doença, ignorância, miséria e ociosidade), envolvendo a atuação conjunta do Estado e dos indivíduos.

administrativa, financeira e patrimonial das várias entidades vinculadas ao Ministério da Previdência e Assistência Social (INPS, IAPAS, INAMPS, DATAPREV, LBA, FUNABEM e CEME).

Posteriormente, a Emenda Constitucional n. 18/1981 constitucionalizou a aposentadoria especial dos professores e das professoras, aos 30 e 25 anos de serviço, respectivamente.

## 3.4. O DIREITO À PREVIDÊNCIA SOCIAL NAS CONSTITUIÇÕES NO MUNDO

Neste capítulo será realizado um estudo comparativo das Constituições de diversos países do mundo, com o objetivo de se verificar como o direito à previdência social se encontra assentado nos diplomas constitucionais da atualidade.

Foram pesquisadas as Constituições de 35 países de todos os continentes, porém com uma maior amplitude para os países da América Latina e da Europa. Todos os dispositivos diretamente relacionados à previdência social, identificados nessas Constituições, foram selecionados e formam o Anexo C (*A previdência social nas Constituições ao redor do mundo*). Os textos constitucionais pesquisados foram obtidos pela *Internet* e são aqueles vigentes no final do ano de 2007.

No primeiro tópico serão analisadas e comentadas as regras sobre a previdência social encontradas em cada uma dessas Constituições, de forma individualizada.

Em seguida, será apresentado um quadro comparativo no qual as Constituições foram classificadas tendo por critérios:

a) menção ao direito à previdência social no texto constitucional;

b) inserção do direito à previdência social entre os direitos fundamentais ou direitos sociais;

c) grau de detalhamento das regras relativas ao direito à previdência social.

### 3.4.1. Análise do direito à previdência social nas Constituições estrangeiras

Inicialmente é oportuno apresentar algumas observações sobre a terminologia relacionada à previdência social encontrada nos diferentes idiomas pesquisados (espanhol, inglês, italiano e francês):

1 — **Constituições dos países de língua espanhola**:

a) a expressão *seguridad social* não corresponde exatamente à "Seguridade Social" que consta de nossa Constituição Federal de 1988; em geral é utilizada num sentido amplo (abrangendo a previdência social e a assistência social e algumas vezes também a saúde e a moradia), mas em alguns contextos aparece em sentido mais restrito, referindo-se apenas à previdência social;

b) algumas utilizam também a expressão *seguros sociales*, neste caso indicando diretamente a previdência social;

c) os benefícios previdenciários são as *jubilaciones* (aposentadorias), *pensiones* (pensões) e os *subsidios* (referindo-se ora aos benefícios temporários — os "auxílios" — ora às aposentadorias);

d) as contingências que dão origem aos benefícios são, de forma geral, assim referidas: *enfermedad*, *maternidad*, *riesgos del trabajo* ou *profesionales*, *invalidez* ou *discapacidad*, *desempleo* (ou *desocupación forzosa*, *paro forzoso* ou *cesantía*), *vejez* e *muerte*.

2 — **Constituições dos países de língua inglesa** (ou de outros idiomas, mas cujos textos foram obtidos em língua inglesa):

a) a previdência social é em sua maioria referida como *social security* e, com menor freqüência, como *social insurance*;

b) os benefícios são denominados *pensions* (pensões, de forma genérica, abrangendo também aposentadorias) ou *old age pensions* (aposentadorias);

c) as situações protegidas: *disease* ou *sickness* ou *illness* (doença), *invalidity*, *disability* ou *disablement* (invalidez), *loss of breadwinner* ou *loss of a provider* (morte do responsável pelo sustento da família), *bring up children* ou *motherhood* (nascimento, maternidade), *unemployment* (desemprego), *old age* (velhice).

3 — **Constituições dos países de língua italiana e francesa**:

a) a previdência social é *assistenza sociale* ou *previdenza sociale*, em italiano, e *sécurité sociale*, em francês.

### AMÉRICA LATINA

#### ARGENTINA

a) O Estado assegurará os benefícios da previdência social (*seguridad social*), que terão caráter integral e irrenunciável.

b) A lei estabelecerá o seguro social obrigatório, a cargo de instituições nacionais ou provinciais e tratará das aposentadorias e pensões (*jubilaciones y pensiones*).

c) O direito à previdência social aparece referido no art. 14, dentro do Capítulo Primeiro (Declarações, Direitos e Garantias), com pouco detalhamento, junto aos direitos dos trabalhadores.

#### BOLÍVIA

a) A *seguridad social* é direito fundamental de toda pessoa (art. 7º).

b) A *seguridad social* é também dever fundamental de todos, que devem colaborar com o Estado e com a sociedade para a sua consecução (art. 8º).

c) A *seguridad social* é tratada no art. 158, dentro do título referente ao Regime Social, de forma autônoma aos direitos dos trabalhadores, com um médio grau de detalhamento.

d) Subordina-se aos princípios de universalidade, solidariedade, unidade de gestão, economia, oportunidade e eficácia.

e) Assegura-se a cobertura das contingências de enfermidade, maternidade, riscos profissionais, invalidez, velhice, morte e desemprego, além da assistência familiar e moradia de interesse social.

f) Não há regras específicas relativas aos funcionários públicos, cujos direitos e deveres devem ser estabelecidos no Estatuto dos Funcionários Públicos.

### *CHILE*

a) A previdência social é referida no art. 19, inciso n. 18, com pouco detalhamento, porém como direito fundamental assegurado a todas as pessoas.

b) A atuação do Estado será dirigida a garantir o acesso ao gozo de prestações básicas uniformes, por meio de instituições públicas ou privadas, sob a supervisão estatal.

### *COLÔMBIA*

a) O Título II da Constituição colombiana trata dos direitos, deveres e garantias, subdividindo-se em dois capítulos: o primeiro voltado aos direitos fundamentais e o segundo aos direitos sociais, econômicos e culturais. Neste, encontra-se o art. 48, voltado à *seguridad social*.

b) A *seguridad social* é um direito irrenunciável, garantido a todos os habitantes.

c) É um serviço público obrigatório, podendo ser prestado por entidades públicas ou privadas, sob a direção, coordenação e controle do Estado, sujeitando-se aos princípios da eficiência, universalidade e solidariedade. Seus recursos não podem ser destinados a outras finalidades.

d) A lei deve definir meios para que as prestações (*pensiones*) mantenham o seu poder aquisitivo.

### *COSTA RICA*

a) O art. 73, inserido no título dos Direitos e Garantias Sociais, trata da previdência social (*seguros sociales*).

b) A previdência social será financiada por contribuição obrigatória do Estado, dos empregadores e dos trabalhadores, com a finalidade de proteção contra os riscos de enfermidade, invalidez, maternidade, velhice e morte.

c) A administração da previdência social será de responsabilidade da Caixa Costarriquense de Seguro Social e seus recursos não poderão ser utilizados para finalidades distintas.

d) Os seguros contra riscos profissionais (ou acidentes de trabalho) serão de responsabilidade exclusiva dos empregadores e regidos por disposições especiais.

### CUBA

a) Os arts. 47 a 49, inseridos no capítulo relativo aos direitos, deveres e garantias fundamentais, tratam da previdência social, assistência social e proteção ao trabalhador.

b) O Estado deve garantir a proteção aos trabalhadores incapacitados por idade, invalidez ou enfermidade, bem como a suas famílias, em caso de morte.

c) Os idosos sem recursos devem ser atendidos pela assistência social.

d) Aos trabalhadores incapacitados por acidente de trabalho ou enfermidade profissional assegura-se auxílio temporário ou aposentadoria.

### EQUADOR

a) A Constituição equatoriana dedica toda uma seção à *seguridad social* (arts. 55 a 61), onde o direito à previdência social é tratado com alto grau de detalhamento.

b) A *seguridad social* é estabelecida como um dever do Estado e direito irrenunciável e imprescritível de todos os habitantes e rege-se pelos princípios da solidariedade, obrigatoriedade, universalidade, eqüidade, eficiência, subsidiariedade e suficiência.

c) A previdência geral obrigatória cobrirá as necessidades de enfermidade, maternidade, riscos do trabalho, desemprego, velhice, invalidez, incapacidade e morte. Sua proteção deve ser estendida progressivamente a toda a população urbana e rural, com relação de emprego ou não.

d) A previdência geral obrigatória é de responsabilidade do Instituto Equatoriano de Seguridade Social, entidade sob a direção tripartida e paritária dos segurados, dos empregadores e do Estado. Seus recursos devem ser separados do Estado e aplicados no mercado financeiro, sujeitos aos princípios da eficiência, segurança e rentabilidade.

e) Os benefícios previdenciários não podem ser objeto de cessão, penhora ou retenção, salvo para o pagamento de prestações alimentares ou obrigações com a instituição seguradora. Não podem ser criados novos benefícios ou melhorados os benefícios existentes sem a devida fonte de custeio, segundo estudos atuariais. Os proventos das aposentadorias deverão ser reajustados anualmente.

f) Estabelece um regime especial de previdência para os trabalhadores rurais e pescadores artesanais, financiado solidariamente por contribuições do sistema nacional de seguridade social e por dotações orçamentárias estatais.

g) Prevê a previdência complementar facultativa, para cobertura de necessidades não protegidas pela previdência geral obrigatória ou melhoria de suas prestações.

h) Encontram-se também nas Disposições Transitórias regras tratando da criação de uma comissão interventora com a finalidade de iniciar um processo de transformação e racionalização da estrutura do Instituto Equatoriano de Seguridade Social, bem como de critérios para o pagamento da dívida do governo nacional com o Instituto.

### MÉXICO

a) A Constituição mexicana, que teve o mérito de ser a primeira no mundo a inserir os direitos sociais, trata em seu art. 123 dos direitos trabalhistas e também do direito à previdência social.

b) A previdência social voltada aos trabalhadores do setor privado deve abranger a proteção à invalidez, velhice, vida, interrupção involuntária do trabalho, enfermidades e acidentes.

c) Semelhantemente, assegura-se aos trabalhadores do serviço público proteção contra acidentes e enfermidades profissionais, enfermidades não profissionais, maternidade, aposentadoria, invalidez, velhice e morte.

### PARAGUAI

a) A Constituição paraguaia contém dois artigos que tratam do direito à previdência social, dentro do capítulo dos direitos trabalhistas: o art. 95 voltado aos trabalhadores privados e o art. 103 aos funcionários e empregados públicos.

b) O art. 95 estabelece o sistema obrigatório e integral de seguridade social, fornecido por instituições públicas ou privadas, sob a supervisão do Estado. Veda o desvio de seus recursos para outras finalidades.

c) O art. 103 define que a lei deve regular o regime previdenciário dos servidores públicos. Garante a atualização dos proventos de aposentadoria pelos mesmos critérios adotados para os funcionários públicos em atividade.

### PERU

a) Reconhece, dentre os direitos sociais e econômicos, o direito universal e progressivo de todas as pessoas à *seguridad social*, sem maior detalhamento (art. 10).

b) Prevê o acesso aos benefícios através de entidades públicas ou privadas e veda o desvio de seus recursos (arts. 11 e 12).

### URUGUAI

a) Reconhece em seu art. 67 o direito dos trabalhadores à previdência social, nos casos de acidentes, enfermidade, invalidez, desemprego, aposentadoria por idade avançada e pensão por morte a suas famílias.

b) Prevê que os proventos das aposentadorias e pensões deverão ser reajustados de acordo com a variação do índice médio dos salários e se efetuarão nas mesmas oportunidades e valores estabelecidos para o aumento das remunerações dos servidores do Governo Central.

c) O financiamento das prestações se dará através de contribuições dos trabalhadores, dos empregados, por outros tributos e pela assistência financeira do Estado, se necessário.

### VENEZUELA

a) O direito à previdência social encontra-se no capítulo dos direitos sociais, nos arts. 80, 86 e 88.

b) As aposentadorias e pensões dos idosos não podem ser inferiores ao salário mínimo urbano.

c) Toda pessoa tem direito à *seguridad social* como serviço público de caráter não lucrativo, que garanta a saúde e assegure proteção em contingências de maternidade, paternidade, enfermidade, invalidez, acidente de trabalho, desemprego, viuvez e orfandade.

d) A efetividade do sistema de seguridade social é obrigação do Estado, com caráter universal, integral, de financiamento solidário, unitário, eficiente e participativo. A ausência de capacidade contributiva não implica em exclusão da proteção pela seguridade social. Os recursos não podem ser utilizados em outra finalidade.

e) As donas de casa têm direito à seguridade social, na forma da lei.

f) Lei nacional estabelecerá o regime previdenciário dos funcionários públicos, vedada a acumulação de aposentadorias e pensões (arts. 147 e 148).

### AMÉRICA ANGLO-SAXÔNICA

### CANADÁ

a) Na Constituição do Canadá o direito à previdência social é referido apenas no art. 94A, inserido dentro do capítulo que trata da distribuição da competência legislativa entre o Parlamento e as Assembléias Legislativas das províncias.

b) Compete ao Parlamento aprovar leis relacionadas às aposentadorias (*old age pensions*) e aos demais benefícios, incluídas as pensões (*survivors*) e benefícios por incapacidade (*disability benefits*), ressalvando-se que tais leis não podem afetar a vigência de outras adotadas pelas Assembléias Legislativas.

### ESTADOS UNIDOS DA AMÉRICA

a) A Constituição dos Estados Unidos não possui nenhuma previsão relativa ao direito à previdência social.

b) Tal fato se explica, uma vez que sua Constituição data do final do século XVIII, num período marcado pelo liberalismo, e foi, juntamente com a francesa, a precursora do constitucionalismo moderno. Nessa época os direitos civis começavam a ser tutelados pelos ordenamentos jurídicos, ao passo que os direitos sociais ainda eram ignorados.

### EUROPA
### ALEMANHA

a) A Constituição da Alemanha de 1949 não seguiu o mesmo caminho da Constituição de Weimar de 1919, optando pelo não detalhamento dos direitos sociais. Dessa forma, há apenas algumas poucas referências à previdência social.

b) Dentro do capítulo que trata da repartição da competência legislativa, o art. 74, inciso 12 insere no âmbito da competência legislativa concorrente da Federação e dos Estados Federais a legislação trabalhista (*labor law*) e a previdência social (*social security*). É também de competência concorrente a legislação referente às aposentadorias (*pensions*) dos servidores públicos, nos termos do art. 74A.

c) Dentro do capítulo relativo à execução das leis federais e à Administração Federal, o art. 87 trata da competência pela administração e supervisão das instituições de previdência social (*social insurance institutions*), a ser exercida por organização federal ou estadual, dependendo da sua abrangência.

### ÁUSTRIA

a) A Constituição austríaca limita-se a estabelecer a competência legislativa e executiva da Federação sobre o seguro social (*social insurance*), em seu art. 10, inciso 11.

### BÉLGICA

a) O art. 23 da Constituição belga afirma que todos têm direito a uma vida com dignidade, cabendo às leis garantir os direitos econômicos, sociais e culturais e determinar as condições para o seu exercício. Dentre esses direitos inclui-se a previdência social (*social security*).

### ESPANHA

a) A Constituição espanhola estabelece que os poderes públicos manterão um regime público de seguridade social para todos os cidadãos, que garanta a assistência e prestações sociais suficientes ante situações de necessidade, especialmente em caso de desemprego (art. 41).

b) Interessante notar que esse dispositivo se encontra inserido no Título I (dos direitos e deveres fundamentais), em seu capítulo terceiro (dos princípios diretores da política social e econômica). O art. 53, inciso 3, que trata das garantias das liberdades e direitos fundamentais, determina que o reconhecimento, o respeito e a proteção dos princípios inseridos naquele capítulo informarão a legislação positiva, a prática judicial e a atuação dos poderes públicos, podendo ser alegados perante a jurisdição ordinária nos termos das leis que os regulem.

### FINLÂNDIA

a) Dentre os direitos fundamentais, a Constituição finlandesa destaca o direito à previdência social (*social security*) em seu art. 19.

b) Todos que não possam obter os meios necessários para uma vida digna têm o direito de receber a indispensável subsistência e cuidado. Cabe ao poder público assegurar a assistência básica nos eventos de desemprego, doença, incapacidade, velhice, maternidade ou morte.

### FRANÇA

a) A Constituição francesa trata da previdência social (*sécurité sociale*) apenas para definir a competência do Parlamento para votar as leis que estabeleçam os seus princípios fundamentais e regras de financiamento (arts. 34, 39 e 47-1).

### GRÉCIA

a) O art. 22 da Constituição da Grécia estabelece que o Estado deverá prover o direito dos trabalhadores à previdência social, nos termos da lei.

### ITÁLIA

a) O art. 38 da Constituição italiana, dentro do título que trata das relações econômicas, define que todo cidadão incapaz para o trabalho e desprovido dos meios necessários para sua subsistência tem direito à manutenção e à previdência social (*assistenza sociale*).

b) Os trabalhadores têm direito à assistência nos casos de infortúnio, doença, invalidez, velhice e desemprego involuntário (*infortunio, malattia, invaliditá, vecchiaia* e *disoccupazione involontaria*). Esses encargos são de responsabilidade estatal, porém a assistência privada é livre.

### PORTUGAL

a) A Constituição de Portugal (uma das principais fontes de inspiração de nossa Constituição de 1988) consagra entre seus princípios fundamentais a dignidade da pessoa humana (art. 1º) e a realização da democracia social (art. 2º).

b) Todos têm direito à previdência social (*segurança social*), nos termos do art. 63.

c) Compete ao Estado organizar, com a participação dos trabalhadores e demais beneficiários, o sistema de segurança social, que protegerá os cidadãos na doença, velhice, invalidez, viuvez e orfandade, bem como no desemprego e em outras situações de falta ou diminuição dos meios de subsistência ou de capacidade para o trabalho.

d) As pensões de velhice e invalidez são calculadas de acordo com o tempo de trabalho, independentemente do setor em que tenha sido prestado.

e) O Estado apoiará e fiscalizará a atividade e o funcionamento de instituições particulares de solidariedade social.

## RÚSSIA

a) A Constituição russa estabelece em seu art. 39 que todos têm direito à previdência social nos casos de velhice, doença, invalidez, morte, maternidade e em outras situações estabelecidas em lei.

b) As aposentadorias e os benefícios sociais serão estabelecidos em lei.

## SUÉCIA

a) A Constituição da Suécia não é formada por um documento único, mas sim por um conjunto de leis fundamentais (*fundamental laws*) aprovadas em diferentes períodos de sua história.

b) A lei fundamental *The Instrument of Government* define como objetivo fundamental do poder público assegurar o bem-estar (*welfare*) pessoal, econômico e cultural dos indivíduos, estabelecendo a previdência social (*social security*) como um dos instrumentos sob a sua responsabilidade (art. 2º).

## SUÍÇA

a) A Constituição da Suíça trata do direito à previdência social com alto grau de detalhamento, especialmente em seus arts. 111 a 117.

b) Asseguram-se como direitos fundamentais a dignidade humana (art. 7º) e o auxílio e a assistência a quem se encontre em situação de necessidade e não tenha condições de prover sua própria subsistência (art. 12).

c) A Confederação e os Cantões devem empenhar-se para que todos sejam segurados contra as conseqüências econômicas da idade, invalidez, doença, acidente, desemprego, maternidade, orfandade e viuvez. Porém, essa disposição se encontra no art. 41, relativo aos objetivos sociais, que recebem um tratamento distinto dos direitos fundamentais civis e dos direitos da cidadania e direitos políticos; tais objetivos sociais são buscados pela Confederação e pelos Cantões no âmbito de suas competências constitucionais e no limite dos recursos financeiros disponíveis e deles não emanam direitos diretos a prestações estatais.

d) O sistema previdenciário suíço encontra-se assentado em três pilares (art. 111): a previdência federal de velhice, sobreviventes e inválidos (*l'assicurazione federale vecchiaia, superstiti e invaliditá*); a previdência profissional (*la previdenza professionale*) e a previdência privada (*la previdenza individuale*).

e) A previdência de velhice, sobreviventes e inválidos (art. 112) é regulada pela Confederação e observa os seguintes princípios: é obrigatória; deve cobrir o necessário para a subsistência; o provento máximo não pode exceder o dobro do provento mínimo; os proventos devem ser reajustados de forma a observar, no mínimo, a evolução dos preços.

f) Seu financiamento é feito por contribuições dos segurados, dos empregadores, da Confederação e, se a lei assim o estabelecer, dos Cantões. A contribuição da Confederação não pode ultrapassar a metade das despesas e é coberta, em primeiro lugar, pela receita oriunda dos impostos sobre tabaco, bebidas destiladas e cassinos.

g) A previdência profissional (art. 113) é obrigatória para os trabalhadores e complementa a previdência de velhice, sobreviventes e inválidos na manutenção do padrão de vida habitual. É contratada pelos empregadores junto a instituições de previdência, podendo ser esta da Confederação, e o seu custeio é partilhado entre os segurados e os empregadores. Para os profissionais liberais a previdência profissional pode ser obrigatória ou facultativa, conforme dispuser a Confederação.

h) A Confederação pode impor aos Cantões a concessão de incentivos fiscais relativos às instituições responsáveis pela previdência de velhice, sobreviventes e inválidos e pela previdência profissional.

i) A Confederação e os Cantões devem incentivar a previdência privada, através de medidas de política fiscal e da propriedade.

j) Além dos três pilares básicos, o sistema previdenciário suíço contempla também disposições sobre o seguro-desemprego (art. 114), a assistência aos indigentes (art. 115), a assistência à família e o seguro-maternidade (art. 116) e o seguro contra doença e acidentes (art. 117).

k) O art. 196 contém duas disposições transitórias relativas à previdência social: a obrigação de os Cantões contribuírem para o financiamento de prestações complementares da previdência de velhice, sobreviventes e inválidos da Confederação, enquanto esta não cobrir o mínimo vital (parágrafo 10); regra de transição que assegura uma proteção mínima, pelo período de 10 a 20 anos, aos segurados que pertencem à geração inicial da previdência profissional.

### *TURQUIA*

a) A Constituição turca trata do direito à previdência social nos arts. 60 e 61, como uma seção inserida no capítulo dos direitos e deveres econômicos e sociais, estes inseridos no título dos direitos e deveres fundamentais.

b) Todos têm o direito à previdência social, devendo o Estado adotar as providências necessárias para o seu estabelecimento e organização.

c) É garantida especial proteção pela previdência social às viúvas e órfãos dos mortos em guerra ou no cumprimento do dever, aos combatentes que se tenham incapacitado na guerra, aos inválidos em geral, aos idosos e às crianças desamparadas.

## ÁFRICA
### ÁFRICA DO SUL

a) A Constituição da África do Sul menciona em sua declaração de direitos (*bill of rights*) o direito à previdência social no art. 27, porém sem maior detalhamento.

### ANGOLA

a) Em 1992 foi aprovada a Lei de Revisão Constitucional de Angola, que revisou a Constituição de 1975, prevendo a sua permanência em vigor até a aprovação da nova Constituição da República de Angola, o que não ocorreu até a presente data.

b) Embora o país continue enfrentando grandes dificuldades sociais, o art. 47 da Lei de Revisão Constitucional prevê que o Estado adote as medidas necessárias para assegurar aos cidadãos o direito à assistência na infância, na maternidade, na invalidez, na velhice e em qualquer situação de incapacidade para o trabalho. É permitida a iniciativa particular e cooperativa no domínio da previdência social.

### MOÇAMBIQUE

a) O art. 95 da Constituição de Moçambique contém a previsão limitada e genérica de que todos os cidadãos têm direito à assistência em caso de incapacidade e na velhice e de que o Estado promove e encoraja a criação de condições para a realização desse direito.

## ÁSIA
### CHINA

a) O art. 45 da Constituição chinesa prevê o direito à assistência do Estado e da sociedade para os idosos, doentes e incapazes. O Estado desenvolverá a previdência social (*social insurance*).

b) Trata em especial do sustento dos membros das forças armadas que se tornarem incapazes e do direito à pensão às suas famílias, quando falecerem.

### ÍNDIA

a) A Constituição indiana, em seu art. 41, prevê o direito à assistência pública (*public assistance*) nos casos de desemprego, velhice, doença ou incapacidade.

### ISRAEL

a) O Estado de Israel não possui uma Constituição formada por um texto único. Entre 1958 e 2001 foram aprovadas pelo parlamento (*Knesset*) as suas nove leis fundamentais (*basic laws*).

b) Em pesquisa a essas leis fundamentais, em especial na *Human Dignity and Liberty* (1992) e na *Freedom of Occupation* (1994), não foi identificada nenhuma previsão relativa ao direito à previdência social.

### JAPÃO

a) O art. 25 da Constituição japonesa estabelece que o Estado deverá empenhar-se na promoção e na extensão do bem-estar social, da previdência social e da saúde pública.

### OCEANIA

### AUSTRÁLIA

a) O art. 51 da Constituição australiana estabelece a competência do Parlamento para legislar sobre aposentadoria dos idosos e inválidos (inciso XXIII), bem como benefícios relativos a maternidade, viúvas, desempregados e doentes (inciso XXIIIa).

b) O art. 84 contém disposições sobre a responsabilidade financeira da Comunidade (*Commonwealth*) e dos Estados, em relação à aposentadoria ou pensão de funcionários públicos cedidos ou transferidos.

### 3.4.2. Quadro comparativo de tratamento do direito à previdência social nas Constituições estrangeiras: referência, inserção nos direitos fundamentais ou direitos sociais e grau de detalhamento

| CRITÉRIO DE CLASSIFICAÇÃO | PAÍSES | TOTAL |
|---|---|---|
| **1 — QUANTO A POSSUÍREM OU NÃO REFERÊNCIA À PREVIDÊNCIA SOCIAL** | | |
| Constituições que *não mencionam* o direito à previdência social | Estados Unidos e Israel | 2 |
| Constituições que *mencionam* o direito à previdência social | Argentina, Bolívia, Chile, Colômbia, Costa Rica, Cuba, Equador, México, Paraguai, Peru, Uruguai, Venezuela, Canadá, Alemanha, Áustria, Bélgica, Espanha, Finlândia, França, Grécia, Itália, Portugal, Rússia, Suécia, Suíça, Turquia, África do Sul, Angola, Moçambique, China, Índia, Japão, Austrália | 33 |
| **2 — QUANTO À INSERÇÃO DA PREVIDÊNCIA SOCIAL ENTRE OS DIREITOS FUNDAMENTAIS OU DIREITOS SOCIAIS** | | |
| Constituições em que a previdência social *não figura* entre os direitos fundamentais ou direitos sociais | Canadá, Alemanha, Áustria, França, Austrália | 5 |
| Constituições em que a previdência social *está inserida* nos direitos fundamentais ou direitos sociais | Argentina, Bolívia, Chile, Colômbia, Costa Rica, Cuba, Equador, México, Paraguai, Peru, Uruguai, Venezuela, Bélgica, Espanha, Finlândia, Grécia, Itália, Portugal, Rússia, Suécia, Suíça, Turquia, África do Sul, Angola, Moçambique, China, Índia, Japão | 28 |
| **3 — QUANTO AO GRAU DE DETALHAMENTO DO DIREITO À PREVIDÊNCIA SOCIAL** | | |
| Constituições em que a previdência social é referida, com *pouco* detalhamento | Argentina, Chile, Colômbia, Cuba, Paraguai, Peru, Canadá, Alemanha, Áustria, Bélgica, Espanha, Finlândia, França, Grécia, Itália, Rússia, Suécia, Turquia, África do Sul, Angola, Moçambique, China, Índia, Japão, Austrália | 25 |
| Constituições em que a previdência social possui *médio* grau de detalhamento | Bolívia, Costa Rica, México, Uruguai, Venezuela, Portugal | 6 |
| Constituições em que a previdência social é tratada com *alto* grau de detalhamento | Equador, Suíça | 2 |

# 4. PREVIDÊNCIA SOCIAL E A CONSTITUIÇÃO DE 1988

Neste capítulo, será analisado como o direito à previdência social se encontra inserido na Constituição de 1988, já consideradas as alterações introduzidas pelas Emendas Constitucionais ns. 20/1998, 41/2003 e 47/2005. O objetivo é apresentar uma visão panorâmica, mostrando a relevância deferida à previdência social pelo texto constitucional.

Não serão comentadas detalhadamente todas as normas sobre a previdência social existentes em nossa Constituição, pois isso por si só já seria suficiente para um extenso trabalho, mais adequado a um manual de direito previdenciário, o que não se pretende realizar neste momento.

## 4.1. PRINCÍPIOS FUNDAMENTAIS DA REPÚBLICA FEDERATIVA DO BRASIL

Os doutrinadores costumam classificar a estrutura normativa de um Estado, apresentando duas espécies normológicas que possuem diferentes graus de concretização: as *normas em sentido estrito* e as *normas-princípio* ou, simplesmente, *princípios*[11].

As *normas em sentido estrito* possuem um campo de ação mais reduzido que os princípios, exigindo um menor esforço de concretização pelo intérprete, pois tutelam diretamente relações jurídicas entre pessoas ou entidades, impondo uma prestação, ação ou abstenção.

Os *princípios*, por sua vez, possuem um grau de generalidade relativamente elevado, demandando um maior esforço de concretização pelo seu aplicador, pois representam ordenações que se irradiam pelo sistema normativo, funcionando como base para as outras normas jurídicas.

*Celso Antônio Bandeira de Mello*[12] apresenta uma significativa definição de princípio jurídico como:

"mandamento nuclear de um sistema, verdadeiro alicerce dele, disposição fundamental que se irradia sobre diferentes normas compondo-lhes

---

(11) CANOTILHO, José Joaquim Gomes. *Op. cit.*, p. 1086. SILVA, José Afonso da. *Op. cit.*, p. 93. BULOS, Uadi Lammêgo. *op. cit.* p. 71.

(12) MELLO, Celso Antônio Bandeira de *apud* SILVA, José Afonso da. *Op. cit.*, p. 93.

o espírito e servindo de critério para sua exata compreensão e inteligência, exatamente por definir a lógica e a racionalidade do sistema normativo, no que lhe confere a tônica e lhe dá sentido harmônico".

A Constituição de 1988 elegeu em seu Título I os *Princípios Fundamentais* do Estado brasileiro, distribuindo-os entre os fundamentos da República Federativa do Brasil (art. 1º), separação dos poderes (art. 2º), objetivos fundamentais (art. 3º) e princípios reguladores das relações internacionais (art. 4º).

Os *Princípios Fundamentais* representam a valoração política fundamental, a própria ideologia inspiradora da Constituição e configuram o modo e a forma de ser do Estado brasileiro.

Como um dos fundamentos da República Federativa do Brasil, encontra-se a "dignidade da pessoa humana" (inciso III do art. 1º), princípio constitucional fundamental que agrega em torno de si todos os demais direitos e garantias fundamentais do homem, sejam eles civis e políticos ou econômicos, sociais e culturais.

A *dignidade da pessoa humana* é um sobreprincípio ou princípio fundamental estruturante, valor constitucional supremo que embasa, fundamenta e informa todo o sistema jurídico-positivo e orienta a atuação legislativa, executiva e judiciária no sentido de sua concretização[13].

Outro fundamento da República Federativa do Brasil são "os valores sociais do trabalho e da livre iniciativa" (inciso IV do art. 1º), indicando uma opção ideológica de conciliação entre o trabalho e o capital como elementos de construção da ordem econômica com justiça social.

Por outro lado, entre os objetivos fundamentais da República Federativa do Brasil encontram-se "construir uma sociedade livre, justa e solidária" e "erradicar a pobreza e a marginalização e reduzir as desigualdades sociais e regionais" (incisos I e III do art. 3º), demonstrando que o constituinte determinou ao Estado brasileiro a permanente busca pela efetivação da justiça social.

Dentro do contexto dado pelos princípios fundamentais constitucionais mencionados (fundamentos e objetivos fundamentais), pode-se a eles facilmente relacionar o direito à previdência social, uma vez que:

a) o direito à previdência social é uma das formas de se garantir a dignidade da pessoa humana, pois permite a manutenção das necessidades básicas do ser humano naquelas situações em que ele se encontra com sua capacidade de trabalho reduzida ou suprimida (velhice, enfermidade, desemprego, maternidade, morte);

b) é um mecanismo de conciliação entre os valores sociais da livre iniciativa e do trabalho, reduzindo as tensões entre o capital e o trabalho pela

---

(13) BULOS, Uadi Lammêgo. *Op. cit.*, p. 83.

proteção social oferecida. O trabalhador fornece a sua mão-de-obra para que o capital produza os bens econômicos, enquanto o capital contribui para que o trabalhador receba uma prestação quando a sua capacidade de trabalho não mais puder atender aos padrões de produtividade por ele exigidos;

c) é instrumento de efetivação da justiça social, permitindo que sejam reduzidas a pobreza e as desigualdades sociais e regionais, pois Estado, empregadores e trabalhadores atuam solidariamente, direcionando parte de seus recursos com a finalidade de distribuição das prestações previdenciárias, sob a forma de rendas temporárias ou vitalícias.

## 4.2. DIREITO SOCIAL FUNDAMENTAL

Conforme abordado no capítulo 3, ao longo do século XX houve um processo de reconhecimento dos direitos sociais pelo Direito Internacional, com a aprovação de tratados e pactos internacionais, e pelo Direito Constitucional, com a sua inserção na grande maioria das Constituições do mundo.

Da conjunção ocorrida entre os direitos humanos fundamentais e os direitos sociais, optou-se por intitular este tópico com o uso da expressão "direito social fundamental".

*Alexy*[14] apresenta a seguinte definição para a expressão direitos fundamentais:

"Direitos fundamentais são, portanto, todas aquelas posições jurídicas concernentes às pessoas, que, do ponto de vista do direito constitucional positivo, foram, por seu conteúdo e importância (fundamentalidade em sentido material), integradas ao texto da Constituição e, portanto, retiradas da esfera de disponibilidade dos poderes constituídos (fundamentalidade formal), bem como as que, por seu conteúdo e significado, possam lhes ser equiparadas, agregando-se à Constituição material, tendo ou não assento na Constituição formal."

Ele reconhece então que os direitos fundamentais possuem uma "dupla fundamentalidade": aquela formal, decorrente da positivação constitucional de um determinado grupo de direitos, e a material, relativa aos direitos que, embora não inseridos na Constituição formal (documento solene), pertencem à Constituição material (normas substancialmente constitucionais, codificadas ou não), dada a sua relevância e conteúdo.

---

(14) ALEXY, Robert *apud* ROCHA, Daniel Machado da. *O direito fundamental à previdência social na perspectiva dos princípios constitucionais diretivos do sistema previdenciário brasileiro.* Porto Alegre: Livraria do Advogado, 2004. p. 84.

Os direitos fundamentais podem ser classificados em dois grandes grupos: os direitos de defesa (direitos originados no Estado liberal, que buscam defender o particular de interferências de outros particulares e especialmente do próprio Estado) e os direitos prestacionais (nascidos com o Estado social e que tratam de prestações estatais positivas, no sentido de alcançar a justiça social).

Via de regra os direitos civis e políticos (direitos de primeira geração) se caracterizam como direitos de defesa (embora alguns deles possam ser prestacionais) e os direitos econômicos, sociais e culturais (direitos de segunda geração) são direitos prestacionais (embora excepcionalmente possam ser direitos de defesa).

Durante muito tempo a doutrina constitucional tradicional entendeu que os direitos prestacionais (econômicos, sociais e culturais) seriam meras "normas constitucionais programáticas" e estariam, portanto, desprovidos de vinculação jurídica que permitisse aos seus destinatários exigirem a sua efetivação como direitos subjetivos[15]. Seriam apenas uma "declaração de intenções", que o Estado poderia ou não atender, à medida que suas disponibilidades financeiras o permitissem ("reserva do possível"), não possuindo o caráter de direitos fundamentais ou a mesma eficácia dos direitos de primeira geração.

Porém, hoje essa posição está superada, pois prepondera um consenso que reconhece aos direitos sociais o mesmo valor jurídico de que dispõem os direitos civis e políticos. Embora se reconheça que a sua aplicabilidade imediata muitas vezes seja relativizada pelas limitações materiais do Estado, é inegável a obrigação deste de atuar, de forma gradual e constante, em busca de sua efetivação.

No que se refere ao direito à previdência social, a Constituição de 1988 operou significativa alteração de sua posição, uma vez que:

a) enquanto as Constituições anteriores (1934, 1937, 1946, 1967 e 1969) habitualmente consagravam um título a tratar "Da Ordem Econômica e Social", a Constituição de 1988 o desdobrou em dois: "Da Ordem Econômica e Financeira" (Título VII) e "Da Ordem Social" (Título VIII), inserindo-se neste último as regras relativas à seguridade social, como gênero que engloba a saúde, a assistência e a previdência social;

b) o Título II ("Dos Direitos e Garantias Fundamentais") encontra-se dividido em dois capítulos, destinados a tratar "Dos Direitos e Deveres Individuais e Coletivos" (Capítulo I) e "Dos Direitos Sociais" (Capítulo II), colocando dessa forma tanto os direitos de defesa como os direitos prestacionais na categoria de direitos fundamentais.

---

(15) ROCHA, Daniel Machado da. *Op. cit.,* p. 99.

A inclusão do direito à previdência social no art. 6º da Constituição de 1988, dentro do capítulo dos "Direitos Sociais" e do título relativo aos "Direitos e Garantias Fundamentais", tem como conseqüências de relevo:

a) a sua auto-aplicabilidade, assegurada pelo § 1º do art. 5º ("As normas definidoras dos direitos e garantias fundamentais têm aplicação imediata"); embora essa regra tenha sido colocada como um parágrafo do art. 5º, que trata dos direitos e deveres individuais e coletivos, ela se refere expressamente aos "direitos e garantias fundamentais", que comportam todo o conteúdo do Título II, inclusive os direitos sociais;

b) a sua caracterização como cláusula pétrea, nos termos do art. 60, § 4º, inciso IV, o que não impede que a proteção previdenciária sofra adequações para sua adaptação às transformações da realidade econômica e social, porém veda a apreciação ou deliberação de qualquer emenda constitucional tendente a aboli-lo.

Outro efeito que pode ser extraído de sua natureza de "direito social fundamental" é a aplicação, ao direito à previdência social, do "princípio da proibição de retrocesso social". Tal princípio é formulado por *Canotilho*, ao analisar o significado jurídico-constitucional do princípio da democracia econômica e social, consagrado no art. 2º da Constituição portuguesa[16]:

"O princípio da proibição de retrocesso social pode formular-se assim: o núcleo essencial dos direitos sociais já realizado e efectivado através de medidas legislativas ('lei da segurança social', 'lei do subsídio de desemprego', 'lei do serviço de saúde') deve considerar-se constitucionalmente garantido, sendo inconstitucionais quaisquer medidas estaduais que, sem a criação de outros esquemas alternativos ou compensatórios, se traduzam na prática numa 'anulação', 'revogação' ou 'aniquilação' pura e simples desse núcleo essencial. A liberdade de conformação do legislador e inerente auto-reversibilidade têm como limite o núcleo essencial já realizado."

### 4.3. PRINCÍPIOS CONSTITUCIONAIS PREVIDENCIÁRIOS

A Constituição Federal de 1988 consagrou alguns princípios que delineiam e dirigem a interpretação e atuação do direito à previdência social[17].

O primeiro e mais importante desses princípios é o da *solidariedade*. Trata-se de princípio cujas raízes vêm desde a antiguidade e são externas ao direito, traduzindo-se num sentimento comum e natural do ser humano

---

(16) CANOTILHO, José Joaquim Gomes. *Op. cit.*, p. 327.

(17) ROCHA, Daniel Machado da. *Op. cit.*, p. 127-167.

de prestar auxílio ao seu próximo. Entretanto, a ordem jurídica apropria-se do princípio da solidariedade e acaba por impor regras com o objetivo de efetivá-lo.

No art. 3º, inciso I encontra-se, conforme já mencionado, entre os objetivos fundamentais da República Federativa do Brasil "construir uma sociedade livre, justa e solidária".

Especificamente em relação à previdência social, pode-se dizer que o princípio da solidariedade está intrinsecamente ligado a sua própria razão de ser, pois, pela cooperação e transferência de recursos dos indivíduos em gozo de sua capacidade de trabalho, das empresas que se beneficiam desse trabalho e do Estado, possibilita-se o amparo aos que sejam acometidos por situações de necessidade que retirem ou reduzam a sua capacidade de sustento próprio.

Ele aparece de forma expressa no *caput* do art. 40, estabelecendo que os Regimes Próprios de Previdência Social dos servidores públicos sejam financiados por meio de contribuições do ente público, dos servidores ativos e dos inativos e pensionistas. Implicitamente ele se encontra também no *caput* do art. 195, que determina o financiamento da seguridade social por toda a sociedade.

Em seguida à solidariedade, e a ela relacionado, aparece o princípio da *obrigatoriedade*. Os sistemas de previdência social não se tornariam viáveis se fossem de adesão facultativa, pois certamente haveria uma tendência de que as pessoas priorizassem a aplicação de seus recursos (que muitas vezes são bastante reduzidos) no atendimento a suas necessidades mais imediatas.

Por essa razão, a filiação à previdência social é obrigatória para os trabalhadores em geral (art. 201, *caput*). Essa obrigatoriedade se manifesta de forma mais efetiva para os empregados, os empregados domésticos, os trabalhadores avulsos, e também os servidores públicos, que no ato de receberem seus salários ou remunerações já têm descontada a contribuição para a previdência social.

Outro princípio a ser referido é o da *universalidade*. Porém, enquanto para a saúde e a assistência social a universalidade é ilimitada, sendo oferecidas de forma gratuita, para a previdência social ela aparece limitada pelo *caráter contributivo* (art. 40, *caput*, e art. 195, *caput*), exigido para o acesso a suas prestações.

Ainda assim, o art. 201 da Constituição incorporou dispositivo, acrescido pela Emenda Constitucional n. 41/2003 e com a redação dada pela Emenda Constitucional n. 47/2005, que trata do sistema especial de inclusão previdenciária para os trabalhadores de baixa renda e as pessoas sem renda própria que se dediquem exclusivamente ao trabalho doméstico em suas residências (donas de casa), demonstrando uma preocupação com a universalização do direito à previdência social.

O princípio da *irredutibilidade do valor real dos benefícios* determina o reajustamento periódico das prestações pagas pela previdência social, por índices que recomponham as perdas inflacionárias, de forma a assegurar a preservação, em caráter permanente, de seu valor real (arts. 40, § 8º e 201, § 4º).

Outro princípio de grande importância, acrescido ao *caput* dos arts. 40 e 195 da Constituição Federal pela Emenda Constitucional n. 20/1998, é o que estabelece que os regimes previdenciários sejam organizados mediante critérios que lhes assegurem o *equilíbrio financeiro e atuarial*.

Esse princípio é de fundamental importância, pois aponta para a preocupação de que as receitas auferidas pelo sistema previdenciário sejam suficientes para o pagamento dos benefícios devidos. Sua observância traz segurança e tranquilidade tanto para a instituição gestora do sistema de previdência social, que tem a responsabilidade de pagar os benefícios, como para os seus segurados, que têm a expectativa de recebê-los.

Os dois últimos artigos da parte permanente da Constituição (arts. 249 e 250), também incluídos pela Emenda Constitucional n. 20/1998, guardam relação direta com o princípio do equilíbrio financeiro e atuarial, pois permitem a constituição de fundos integrados pelos recursos provenientes de contribuições e por bens, direitos e ativos de qualquer natureza, com o objetivo de assegurar recursos para o pagamento dos benefícios previdenciários.

### 4.4. PREVIDÊNCIA SOCIAL E SEGURIDADE SOCIAL

O Título VIII da Constituição de 1988, que trata da Ordem Social, estabelece como disposição geral em seu art. 193 que "A ordem social tem como base o primado do trabalho, e como objetivo o bem-estar e a justiça sociais", mostrando novamente a preocupação do constituinte com a preservação da dignidade da pessoa humana (art. 1º, inciso III).

Em seguida, ele apresenta as ações relacionadas aos direitos à saúde, assistência e previdência social como espécies de técnicas de proteção social que, embora independentes em seu campo de atuação, se agregam de forma inovadora sob o gênero "Seguridade Social"[18], a qual surge em nosso ordenamento jurídico com a tarefa de garantir a todos um mínimo de bem-estar nas situações geradoras de necessidade[19].

---

(18) A Constituição de 1988 foi a primeira de nossas Constituições a empregar a expressão "seguridade social". Anteriormente, sempre se utilizou apenas previdência social ou seguro social. A Constituição de Portugal emprega "segurança social". Nos países de língua espanhola utiliza-se "seguridad social", embora nem sempre com o mesmo sentido de nossa Constituição (gênero que abrange saúde, assistência e previdência social).

(19) ROCHA, Daniel Machado da. *Op. cit.,* p. 73.

Os objetivos a serem perseguidos pela seguridade social estão relacionados no parágrafo único do art. 194:

a) universalidade da cobertura e do atendimento;

b) uniformidade e equivalência dos benefícios e serviços às populações urbanas e rurais;

c) seletividade e distributividade na prestação dos benefícios e serviços;

d) irredutibilidade do valor dos benefícios;

e) eqüidade na forma de participação no custeio;

f) diversidade da base de financiamento;

g) caráter democrático e descentralizado da administração, mediante gestão quadripartite, com participação dos trabalhadores, dos empregadores, dos aposentados e do Governo nos órgãos colegiados.

## 4.5. COMPETÊNCIA LEGISLATIVA

Dentro do capítulo voltado à organização político-administrativa do Estado brasileiro, a Constituição de 1988 dedicou os arts. 22 e 24 para tratarem da distribuição da competência legislativa.

Curiosamente, o legislador constituinte, no art. 22, inciso XXIII estabeleceu ser de competência privativa da União legislar sobre "seguridade social" e no art. 24, inciso XII definiu ser de competência "concorrente" da União, dos Estados e do Distrito Federal legislar sobre "previdência social, proteção e defesa da saúde".

Surge assim a seguinte contradição: se, de acordo com o sistema adotado pela Constituição, a previdência social é espécie pertencente ao gênero seguridade social, a competência para legislar sobre ela é privativa ou concorrente?

Essa contradição pode ser resolvida da seguinte forma:

a) no que tange às regras relativas ao Regime Geral de Previdência Social (RGPS), aplica-se a competência privativa da União, pois é dela a responsabilidade pela sua gestão;

b) em relação aos Regimes Próprios de Previdência Social (RPPS), aplica-se a competência concorrente, pois cabe à União estabelecer as normas gerais e aos Estados e Distrito Federal as normas suplementares para os seus RPPS; acrescente-se aqui também os Municípios, que legislarão suplementarmente sobre o RPPS de seus servidores, por força do art. 30, incisos I e II.

## 4.6. ORGANIZAÇÃO DO SISTEMA PREVIDENCIÁRIO: OS REGIMES PREVIDENCIÁRIOS

O sistema previdenciário brasileiro foi estruturado na Constituição de 1988 sobre três pilares, que se integram com o objetivo de proporcionar a cobertura previdenciária a uma maior parcela da população.

Esses três pilares são: o Regime Geral de Previdência Social (RGPS), os Regimes Próprios de Previdência Social (RPPS) e o Regime de Previdência Complementar Privada.

### 4.6.1. Regime Geral de Previdência Social

O Regime Geral de Previdência Social (RGPS) é o sistema básico destinado aos trabalhadores do setor privado e aos servidores públicos não amparados por previdência própria, agrupando o maior contingente de segurados (cerca de 47 milhões de segurados contribuintes e 26 milhões de benefícios em manutenção).

O art. 201 da Constituição disciplina, de forma bastante detalhada, o RGPS. As regras nele encontradas estão a seguir transcritas:

a) possui caráter contributivo, filiação obrigatória e deve observar critérios que preservem o equilíbrio financeiro e atuarial;

b) destina-se à proteção dos seguintes eventos: doença, invalidez, morte, idade avançada, maternidade, desemprego involuntário, salário-família e auxílio-reclusão aos dependentes de segurados de baixa renda e pensão por morte do segurado;

c) veda-se a adoção de requisitos e critérios diferenciados para a concessão de aposentadoria, ressalvada a aposentadoria especial em atividades exercidas sob condições que prejudiquem a saúde ou a integridade física do trabalhador e quando se tratar de segurados portadores de deficiência;

d) valor mínimo dos benefícios que substituam o salário de contribuição ou o rendimento do trabalho não inferior ao salário mínimo;

e) reajustamento dos benefícios, para preservação do valor real;

f) veda a filiação, como segurado facultativo, de participante de RPPS;

g) gratificação natalina dos aposentados e pensionistas baseada no valor dos proventos do mês de dezembro;

h) aposentadoria com 35 anos de contribuição para o homem e 30 anos de contribuição para a mulher, sem a exigência de idade mínima;

i) aposentadoria aos 65 anos de idade para o homem e 60 anos para a mulher, com redução de 5 anos para os trabalhadores rurais e para os produtores rurais, garimpeiros e pescadores artesanais que exerçam suas atividades em regime de economia familiar;

j) redução de 5 anos no tempo de contribuição exigido para aposentadoria, quando se tratar de professor que comprove tempo exclusivo de efetivo exercício em funções de magistério na educação infantil, ensino fundamental e médio;

k) contagem recíproca de tempo de contribuição prestado à administração pública e em atividade privada, rural ou urbana, assegurada a compensação financeira entre os regimes;

l) cobertura dos riscos de acidente do trabalho, de forma concorrente entre o setor público (RGPS) e o setor privado;

m) incorporação dos ganhos habituais do empregado ao salário, para efeito de contribuição e cálculo dos benefícios;

n) sistema especial de inclusão previdenciária para os trabalhadores de baixa renda e os trabalhadores domésticos sem renda própria (donas de casa), desde que pertencentes a família de baixa renda, garantindo acesso a benefícios de valor igual ao salário mínimo, com alíquotas e prazo de carência reduzidos.

### 4.6.2. Regimes Próprios de Previdência Social

Os Regimes Próprios de Previdência Social (RPPS) são instituídos pela União, Estados, Distrito Federal e Municípios, para amparo de seus servidores. Atualmente, há cerca de 2.000 RPPS espalhados pelo país, oferecendo cobertura a quase 6 milhões de servidores ativos e aproximadamente 3 milhões de aposentados e pensionistas.

Estão disciplinados no art. 40 da Constituição Federal, com redação ainda mais detalhada do que a destinada ao RGPS. Suas regras estão a seguir sintetizadas:

a) destinam-se apenas aos servidores públicos titulares de cargos efetivos (servidores regidos por um estatuto, ou seja, os funcionários públicos em sentido estrito);

b) têm caráter contributivo e solidário, mediante contribuição do ente público, dos servidores ativos e inativos e dos pensionistas, observados critérios que preservem o equilíbrio financeiro e atuarial;

c) aposentadoria por invalidez permanente com proventos proporcionais ao tempo de contribuição, exceto se decorrente de acidente em serviço, moléstia profissional ou doença grave, contagiosa ou incurável;

d) aposentadoria compulsória aos 70 anos de idade, com proventos proporcionais ao tempo de contribuição;

e) aposentadoria voluntária aos 60 anos de idade e 35 de contribuição para o homem e 55 anos de idade e 30 de contribuição para a mulher, exigidos 10 anos de efetivo exercício no serviço público e 5 anos no cargo;

f) redução de 5 anos na idade e tempo de contribuição exigidos para aposentadoria quando se tratar de professor que comprove tempo exclusivo de efetivo exercício em funções de magistério na educação infantil, ensino fundamental e médio;

g) aposentadoria voluntária aos 65 anos de idade para o homem e 60 anos de idade para a mulher, com proventos proporcionais ao tempo de contribuição, exigidos 10 anos de efetivo exercício no serviço público e 5 anos no cargo;

h) limitação dos proventos de aposentadoria, no momento da concessão, à remuneração do cargo efetivo;

i) cálculo dos proventos de aposentadoria considerando as remunerações que serviram de base para as contribuições, devidamente atualizadas;

j) vedação à adoção de requisitos e critérios diferenciados para a concessão de aposentadoria, ressalvada a aposentadoria especial em atividades exercidas sob condições que prejudiquem a saúde ou a integridade física, os que exerçam atividades de risco e os portadores de deficiência;

k) vedação ao recebimento de mais de uma aposentadoria de RPPS, exceto quando se tratar de cargos cuja acumulação é permitida;

l) pensão por morte com valor correspondente à totalidade dos proventos ou remuneração do servidor falecido, conforme estivesse aposentado ou em atividade, até o limite máximo estabelecido para os benefícios do RGPS, acrescido de setenta por cento da parcela excedente a esse limite;

m) reajustamento dos benefícios, para preservação do valor real;

n) contagem do tempo de contribuição federal, estadual e municipal para fins de aposentadoria;

o) vedação à contagem de tempo fictício;

p) inclusão dos proventos de inatividade no cálculo para fins de observância do teto de remuneração no serviço público;

q) aplicação supletiva das regras estabelecidas para o RGPS;

r) vinculação obrigatória ao RGPS dos servidores ocupantes exclusivamente de cargo em comissão declarado em lei de livre nomeação e exoneração, de cargo temporário ou de emprego público;

s) possibilidade de se fixar o limite máximo dos benefícios do RGPS para as aposentadorias e pensões do RPPS, desde que o ente público institua regime de previdência complementar para os seus servidores titulares de cargo efetivo;

t) exigência de que o regime de previdência complementar seja instituído por lei de iniciativa do Poder Executivo do ente público, por intermédio de entidades fechadas de previdência complementar, cujo plano de benefícios seja obrigatoriamente na modalidade de contribuição definida;

u) assegura o ingresso opcional no regime de previdência complementar ao servidor admitido no serviço público até a data de publicação da lei que o institua;

v) incidência de contribuição sobre os proventos de aposentadoria e pensão cujo valor supere o limite máximo estabelecido para os benefícios do RGPS, aumentado esse valor para o dobro do limite, quando o beneficiário for portador de doença incapacitante;

w) instituição do abono de permanência, a ser pago ao servidor que tenha cumprido os requisitos exigidos para a aposentadoria voluntária por idade e tempo de contribuição e que opte por permanecer em atividade;

x) vedação à existência de mais um RPPS e de mais de uma unidade gestora do RPPS em cada ente estatal.

### 4.6.3. Regime de Previdência Complementar Privada

O Regime de Previdência Complementar Privada está disciplinado no art. 202 da Constituição Federal, da seguinte forma:

a) organizado de forma autônoma em relação ao RGPS e com caráter facultativo;

b) baseado na constituição de reservas que garantam o benefício contratado;

c) regulado por lei complementar, que assegurará ao participante do plano de benefícios o pleno acesso às informações relativas a sua gestão;

d) as contribuições do empregador, os benefícios e as condições contratuais previstas não integram o contrato de trabalho e a remuneração dos participantes, excetuados os benefícios concedidos;

e) vedação ao aporte de recursos a entidade de previdência privada por entidades públicas, exceto quando figurarem na condição de patrocinadores, hipótese em que sua contribuição normal não poderá exceder a contribuição do segurado;

f) relação entre as entidades públicas patrocinadoras e as entidades fechadas de previdência privada regulada por lei complementar, que tratará da designação dos membros das diretorias e da inserção dos participantes nos colegiados e órgãos decisórios.

### 4.7. CUSTEIO DA PREVIDÊNCIA SOCIAL

A previdência social é um direito que exige a observância do caráter contributivo, conforme previsto no *caput* do art. 40 (Regimes Próprios de Previdência Social) e no *caput* do art. 201 (Regime Geral de Previdência Social) da Constituição Federal.

O art. 149, § 1º determina que os Estados, o Distrito Federal e os Municípios instituam contribuição, cobrada de seus servidores, para o custeio dos seus regimes previdenciários, não podendo a alíquota ser inferior à cobrada dos servidores titulares de cargos efetivos da União. Os §§ 18 e 21 do art. 40 tratam da contribuição de aposentados e pensionistas aos RPPS.

O art. 195 trata do financiamento da seguridade social, abrangendo as contribuições destinadas ao custeio da previdência social dos segurados amparados pelo RGPS. Transcrevemos as regras nele traçadas:

a) a seguridade social será financiada por toda a sociedade, mediante recursos: dos orçamentos do Poder Público; de contribuições cobradas dos empregadores e empresas (incidentes sobre a folha de salários e demais rendimentos do trabalho pagos a pessoas físicas, sobre a receita ou faturamento e sobre o lucro); de contribuições dos trabalhadores e demais segurados da previdência social; de contribuições sobre a receita de concursos de prognósticos; de contribuições do importador de bens e serviços ou equiparado;

b) o orçamento da seguridade social será elaborado de forma integrada entre saúde, previdência social e assistência social, cabendo a cada área a gestão de seus recursos;

c) a pessoa jurídica em débito com a seguridade social não poderá contratar com o Poder Público nem receber benefícios ou incentivos fiscais ou creditícios;

d) poderão ser instituídas por lei outras fontes de custeio para a manutenção ou expansão da seguridade social;

e) nenhum benefício ou serviço da seguridade social poderá ser criado, majorado ou estendido sem a correspondente fonte de custeio total;

f) as contribuições para a seguridade social somente poderão ser exigidas após decorridos noventa dias da data da publicação da lei que as houver instituído ou aumentado;

g) são isentas de contribuição as entidades beneficentes de assistência social que atendam às exigências estabelecidas em lei;

h) os produtores rurais e pescadores artesanais que exerçam suas atividades em regime de economia familiar contribuirão mediante a aplicação de uma alíquota sobre o resultado da comercialização da produção;

i) as contribuições das empresas sobre a folha de salários poderão ter alíquotas ou base de cálculos diferenciadas, em razão da atividade econômica, da utilização intensiva de mão-de-obra, do porte da empresa ou da condição estrutural do mercado de trabalho;

j) serão definidos em lei os critérios de transferência de recursos para o sistema único de saúde e ações de assistência social da União para os Estados, Distrito Federal e Municípios e dos Estados para os Municípios;

k) é vedada a concessão de remissão ou anistia para débitos de valor superior ao montante fixado em lei complementar;

l) a lei definirá os setores de atividade econômica para os quais as contribuições incidentes sobre a receita, o faturamento e importações serão não cumulativas;

m) a lei tratará da substituição gradual da contribuição sobre a folha de salários pela incidente sobre a receita ou faturamento.

## 4.8. NORMAS CONSTITUCIONAIS DIVERSAS RELACIONADAS À PREVIDÊNCIA SOCIAL

Além dos quatro artigos (40, 195, 201 e 202), nos quais estão concentradas as principais e mais extensas regras sobre a previdência social, conforme descrito nos itens anteriores, vários outros artigos espalhados pela Constituição fazem referência a questões previdenciárias. Tais disposições estão resumidas a seguir:

a) após a previdência social ser assegurada como um dos direitos sociais fundamentais no art. 6º, algumas de suas prestações são mencionadas nos incisos do art. 7º: seguro-desemprego, salário-família, licença à gestante, aposentadoria e seguro contra acidentes do trabalho;

b) o parágrafo único do art. 7º trata da integração dos trabalhadores domésticos à previdência social;

c) o art. 10 assegura a participação dos trabalhadores e empregadores nos colegiados em que seus interesses previdenciários sejam objeto de discussão;

d) o art. 37 inclui os proventos de aposentadoria e as pensões na limitação do teto remuneratório dos servidores públicos (inciso XI) e veda a percepção simultânea de proventos de aposentadoria com remuneração de cargo, emprego ou função pública, exceto os cargos acumuláveis, cargos eletivos e cargos em comissão (§ 10);

e) os arts. 42 e 142 fazem breve referência à inatividade dos militares, remetendo a sua disciplina para a lei ordinária;

f) o art. 71 inclui entre as competências dos Tribunais de Contas a apreciação da legalidade das concessões de aposentadorias, reformas e pensões;

g) o art. 93 estabelece que a aposentadoria dos magistrados e a pensão de seus dependentes observarão as regras aplicáveis aos demais servidores;

h) o art. 100, que trata dos precatórios para o pagamento dos débitos da Fazenda Pública, inclui os benefícios previdenciários entre os créditos de natureza alimentícia;

i) o art. 109 disciplina entre as competências dos juízes federais as causas em que entidade autárquica da União seja interessada (inciso I); ressalva, porém, em seu § 3º, que as causas envolvendo instituição de previdência social e segurado serão processadas e julgadas pela Justiça Estadual, no foro de domicílio do segurado, sempre que a comarca não for sede de vara da Justiça Federal (essa regra diz respeito diretamente às demandas entre o Instituto Nacional do Seguro Social — INSS e seus segurados); os recursos, porém, serão sempre para o Tribunal Regional Federal (§ 4º);

j) o inciso VIII do art. 114 inclui entre as competências da Justiça do Trabalho a execução de ofício das contribuições previdenciárias decorrentes das sentenças que proferir;

k) o art. 165, § 5º, inciso III, estabelece que a lei orçamentária anual compreenderá o orçamento da seguridade social;

l) o art. 248 estabelece o teto remuneratório dos servidores públicos (art. 37, inciso XI) como o valor máximo aplicável aos benefícios pagos pelo Regime Geral de Previdência Social, quando não sujeitos a outro limite;

m) o art. 249 autoriza a União, os Estados, o Distrito Federal e os Municípios a constituírem fundos integrados pelos recursos provenientes de contribuições e por bens, direitos e ativos de qualquer natureza, com a finalidade de assegurar o pagamento de proventos de aposentadoria e pensões concedidas aos servidores e dependentes, pelos seus Regimes Próprios de Previdência Social;

n) o art. 250 autoriza a União a constituir fundo integrado por bens, direitos e ativos de qualquer natureza com o objetivo de assegurar recursos para o pagamento dos benefícios concedidos pelo Regime Geral de Previdência Social.

### 4.9. AS REFORMAS PREVIDENCIÁRIAS

Nos anos de 1998 (último ano do primeiro mandato do Presidente Fernando Henrique Cardoso) e 2003 (primeiro ano do primeiro mandato do Presidente Luiz Inácio Lula da Silva) ocorreram as duas grandes reformas previdenciárias após a Constituição de 1988.

Essas reformas foram operadas pelas Emendas Constitucionais n. 20/1998 e n. 41/2003 (esta última mais tarde complementada pela Emenda n. 47/2005, a chamada "PEC paralela") e geraram um profundo e acalorado debate no Congresso Nacional, na imprensa e na sociedade em geral, com acirradas discussões entre seus defensores e seus críticos.

Ambas buscaram tornar mais rígidas as regras para obtenção dos benefícios previdenciários e reduzir o ritmo de crescimento das despesas com a sua manutenção, decorrentes das mudanças demográficas, com o aumento da expectativa de vida da população, e da informalização do mercado de trabalho, que reduz as contribuições ao sistema previdenciário.

A Emenda Constitucional n. 20/1998 dirigiu suas atenções de igual forma para o Regime Geral de Previdência Social — RGPS e para os Regimes Próprios de Previdência Social — RPPS. Algumas das principais alterações trazidas pela reforma foram:

a) o fim das aposentadorias especiais de jornalistas, aeronautas, professores universitários, juízes e promotores;

b) o fim da aposentadoria proporcional;

c) o estabelecimento de requisitos e restrições para a aposentadoria do servidor público: idade mínima; tempo no serviço público e no cargo; limite dos proventos pela remuneração do cargo; vedação do tempo fictício; cobertura apenas dos servidores efetivos; vedação às acumulações; teto para os benefícios;

d) para o RGPS: a desconstitucionalização da regra de cálculo do valor dos benefícios do RGPS; a restrição do salário-família e do auxílio-reclusão aos segurados de baixa renda.

A Emenda Constitucional n. 41/2003, por sua vez, dirigiu-se quase que exclusivamente aos regimes de previdência dos servidores públicos (RPPS), produzindo alterações com o objetivo de uma maior aproximação entre as suas regras e aquelas aplicáveis ao regime de previdência dos trabalhadores em geral (RGPS).

Para alguns, essas alterações foram uma medida de justiça e eqüidade; para outros, um nivelamento por baixo da previdência pública. Dentre elas, podem ser destacadas:

a) a contribuição previdenciária sobre os proventos de aposentadoria e as pensões cujos valores excedam o limite de benefícios do RGPS;

b) o cálculo dos proventos e pensões pelas mesmas regras do RGPS (média dos salários contributivos) e não mais pela última remuneração, que passou a ser apenas o seu limitador;

c) o fim da "paridade" (reajustes vinculados às remunerações dos servidores da ativa), passando a ser aplicado o reajustamento para preservação do valor real do benefício, assim como no RGPS;

d) a redução dos valores das pensões, passando a existir um limite de 70% (setenta por cento) sobre a parcela que ultrapassar o teto de benefícios do RGPS.

Além das regras inseridas no texto da Constituição, as Emendas mantiveram em seu corpo normas destinadas a disciplinar as denominadas "regras de transição" para obtenção dos benefícios previdenciários, destinadas aos segurados que já contribuíam para a previdência social antes de serem elas aprovadas. Tornaram-se espécies de "apêndices" da Constituição. Talvez, melhor seria que tais regras tivessem sido agregadas ao Ato das Disposições Constitucionais Transitórias, evitando-se a existência desses "apêndices".

Quer se tenha um posicionamento favorável ou contrário às mudanças trazidas pelas Emendas Constitucionais que trataram das reformas previdenciárias, o fato é que elas foram responsáveis por uma maior constitucionalização das regras relativas à previdência social, restringindo ou direcionando o campo de atuação do legislador infraconstitucional.

Durante o processo de discussão das reformas de 1998 e 2003, a previdência social foi apresentada como um dos grandes males do país, uma instituição falida e responsável pelo desequilíbrio das contas públicas nacionais. Porém, essa percepção equivocada da previdência social parece estar sendo aos poucos modificada, permitindo que o seu papel e importância para a sociedade brasileira sejam resgatados.

No Anexo D (*Previdência Social no Brasil: cobertura social e redução da pobreza*) são apresentados alguns gráficos elaborados pela Secretaria de Políticas de Previdência Social — SPS do Ministério da Previdência Social — MPS, cujos dados foram extraídos da Pesquisa Nacional por Amostra de Domicílios — PNAD 2007, realizada pelo Instituto Brasileiro de Geografia e Estatística — IBGE, nos quais se observa que:

a) dos cerca de 82,5 milhões de brasileiros ocupados, quase 54 milhões (65,3%) estão protegidos pela previdência social, numa proporção que ainda precisa ser melhorada, mas que é significativa se comparada a outros países em desenvolvimento;

b) dos cerca de 20 milhões de idosos com 60 anos ou mais, mais de 16 milhões recebem algum benefício previdenciário ou ainda contribuem para a previdência social, representando uma cobertura de 80,6%;

c) o número de pobres (renda *per capita* inferior à metade do salário mínimo) no Brasil é de 56,8 milhões de pessoas (30,8% da população total); se excluídos os benefícios da previdência social e os benefícios assistenciais, esse número sobe para 79 milhões de pessoas (42,8% da população); ou seja, a previdência social é responsável pela retirada de mais de 22 milhões de brasileiros da linha de pobreza.

Ao analisar os dados da PNAD 2006, os pesquisadores do Instituto de Pesquisa Econômica Aplicada — IPEA afirmaram que[20]:

"A seguridade social desempenha um papel crucial para a redução da extrema pobreza no Brasil. As transferências monetárias da previdên-

---

(20) INSTITUTO DE PESQUISA ECONÔMICA APLICADA. PNAD 2006 — Primeiras análises: Demografia, educação, trabalho, previdência, desigualdade de renda e pobreza. Brasília/Rio de Janeiro. set. 2007. p.18.

cia social (aposentadorias, auxílios, pensões e outras — como o salário-maternidade e o salário-família) colaboram decisivamente para a diminuição da indigência no país, sendo que o mesmo pode ser dito a respeito das transferências da assistência social (benefício de prestação continuada)."

Por meio do Decreto n. 6.019, de 22.1.2007, editado como parte do pacote de medidas relacionadas ao Programa de Aceleração do Crescimento — PAC, foi instituído o Fórum Nacional da Previdência Social — FNPS, com a finalidade de:

a) promover o debate entre os representantes dos trabalhadores, dos aposentados e pensionistas, dos empregadores e do Governo Federal com vistas ao aperfeiçoamento e sustentabilidade dos regimes de previdência social e sua coordenação com as políticas de assistência social;

b) subsidiar a elaboração de proposições legislativas e normas infralegais pertinentes;

c) submeter ao Ministro de Estado da Previdência Social os resultados e conclusões sobre os temas discutidos no âmbito do FNPS.

As reuniões do Fórum Nacional da Previdência Social foram encerradas em 31 de outubro de 2007, chegando-se ao consenso em relação a vários pontos, tais como: universalização da cobertura; melhoria das políticas de proteção da saúde e segurança do trabalhador; desoneração das contribuições incidentes sobre a folha de pagamento; nova forma de contabilização do resultado da previdência social; maior coordenação entre a previdência social e a assistência social.

Porém, para outras questões não houve consenso entre os participantes do FNPS: mecanismo de adequação à transição demográfica; ajuste dos critérios diferenciados entre homens e mulheres; novas regras para a pensão por morte.

O Fórum Nacional da Previdência Social propiciou a participação dos vários setores da sociedade em um debate mais qualificado a respeito da previdência social, no qual ela deixou de ser colocada em uma equivocada posição depreciativa.

Não se pode afirmar se nos próximos anos ocorrerá uma nova reforma da previdência, mas é possível que a eventual aprovação, pelo Congresso Nacional, dos projetos de autoria do Senador Paulo Paim (fim do fator previdenciário; isonomia entre o percentual de reajuste do salário mínimo e dos benefícios previdenciários; recomposição de aposentadorias e pensões), que proporcionarão um significativo aumento no valor dos benefícios pagos pelo Instituto Nacional do Seguro Social — INSS, venha a desencadear a discussão sobre uma nova reforma, em especial no que diz respeito à instituição de uma idade mínima para as aposentadorias por tempo de contribuição no Regime Geral de Previdência Social — RGPS.

## 5. CONSIDERAÇÕES FINAIS

Conforme ficou evidenciado ao longo deste trabalho, a Constituição Federal de 1988 dedicou-se, com extremo detalhe, à disciplina da previdência social: não apenas se limitou a consagrar o direito à previdência social, mas também ditou os princípios que a regem, disciplinou o seu mecanismo de custeio e abordou de forma pormenorizada as condições de acesso à aposentadoria, seu principal benefício, reduzindo o campo de atuação do legislador ordinário.

Entretanto, a constitucionalização do direito à previdência social não é um fato que tenha ocorrido de forma isolada no Brasil, nem é inovação trazida pela nossa atual Constituição.

No período entre o final de século XVIII e todo o século XIX os textos constitucionais foram inspirados pela ideologia liberal então prevalecente, buscando restringir os poderes dos governantes e assegurar a proteção aos direitos individuais à liberdade, à vida e à propriedade (direitos fundamentais de primeira geração). O denominado constitucionalismo moderno, embora tenha sido favorável ao crescimento econômico proporcionado pela Revolução Industrial, permitiu também o avanço da pobreza e das desigualdades sociais, culminando, no início do século passado, com o surgimento dos Estados totalitaristas comunistas e nazi-fascistas e a eclosão das duas grandes guerras mundiais.

Constatou-se então ser necessário o fortalecimento da atuação dos poderes públicos, visando a assegurar uma maior igualdade social, que reduzisse as tensões e desse sustentação aos Estados democráticos. Em conformidade com esse novo modelo, desenvolveu-se a partir do início do século XX um novo movimento, denominado constitucionalismo contemporâneo, que produziu textos constitucionais mais amplos, com o alargamento das matérias, preordenando a ação governamental no sentido da efetivação dos direitos econômicos, sociais e culturais (direitos fundamentais de segunda geração). Em seguida, tais direitos passaram a ser reconhecidos também pelas normas de Direito Internacional (Declaração Universal dos Direitos Humanos, de 1948; Pacto Internacional sobre Direitos Econômicos, Sociais e Culturais — PIDESC, de 1966).

No Brasil, sob a inspiração das Constituições precursoras do constitucionalismo contemporâneo (Constituição do México de 1917 e Constituição de Weimar de 1919), a Constituição de 1934 albergou o direito à previdência social, que desde então aparece com destaque em todas as nossas Constituições.

A pesquisa realizada nas Constituições de 35 países de todo o mundo mostrou que o direito à previdência social possui inserção constitucional na absoluta maioria deles, pois em apenas 2 desses países ele não é referido: Estados Unidos, cuja Constituição, aprovada em 1787, é o marco do Constitucionalismo liberal moderno, e Israel, que ainda não possui uma Constituição consolidada em um texto único, mas sim algumas leis fundamentais aprovadas por seu parlamento. Dentre os 33 países cujas Constituições se referem ao direito à previdência social, 28 o consagram entre os direitos fundamentais ou direitos sociais.

Por outro lado, se a maioria dessas Constituições assegura expressamente o direito à previdência social, poucas se dedicam a efetuar o seu detalhamento. Em 6 países o grau de detalhamento das normas constitucionais relacionadas à previdência social foi considerado médio (Bolívia, Costa Rica, México, Uruguai, Venezuela e Portugal) e em apenas 2 se identificou um alto grau de detalhamento das normas constitucionais previdenciárias: Equador e Suíça. Ainda assim, mesmo nas Constituições destes dois países, o direito à previdência social não alcança o mesmo nível de destaque e relevância encontrado em nossa Constituição de 1988.

Porém, a pesquisa empreendida nos textos dessas Constituições, com a finalidade de identificar e localizar as normas relativas à previdência social, permitiu ainda vislumbrar que vários outros temas não encontram nelas a mesma extensão existente em nossa Constituição (a título exemplificativo, podem ser citados os seguintes: administração pública, servidores públicos, controle externo, sistema tributário, finanças públicas, ordem econômica e ordem social). Portanto, é da tradição do constituinte brasileiro produzir Constituições classificadas como *dirigentes* e *analíticas* (aquelas que examinam e regulamentam todos os assuntos que entendam relevantes à formação, destinação e funcionamento do Estado).

As reformas constitucionais previdenciárias ocorridas em 1998 e 2003 tornaram mais rígidas as regras para obtenção dos benefícios previdenciários e também acabaram ampliando o espaço dedicado em nossa Constituição ao tema previdência social.

Se por um lado tais reformas foram marcadas por um caráter restritivo, por outro elas acabaram demonstrando e reforçando, de forma inegável, como o direito à previdência social aparece entre os grandes temas nacionais, sob o ponto de vista dos governantes, dos legisladores e da própria sociedade.

Importante conclusão a se destacar deste trabalho se refere à posição jurídica ocupada pelo direito à previdência social na Constituição Federal de 1988:

a) o direito à previdência social figura em nossa Constituição como *direito social fundamental*, protegido pelo seu *status* de "cláusula pétrea", o que impede a apreciação ou deliberação de qualquer emenda tendente a aboli-lo;

b) ele encontra-se diretamente ligado aos princípios e objetivos fundamentais da República Federativa do Brasil, como instrumento de efetivação da dignidade da pessoa humana, de conciliação entre os valores sociais da livre iniciativa e do trabalho, de construção de uma sociedade livre, justa e solidária e de redução da pobreza e das desigualdades sociais e regionais;

c) a vinculação do Estado brasileiro à garantia do direito à previdência social decorre também de sua adesão a normas de Direito Internacional (Pacto Internacional sobre os Direitos Econômicos, Sociais e Culturais — PIDESC e Convenção n. 102 da OIT), que foram integradas ao nosso ordenamento jurídico.

Portanto, embora o direito à previdência social não possa ser visto como "imutável", uma vez que necessita passar por adaptações ao longo da história, para adequação à transição demográfica e às mutações nas relações de trabalho e produção, deverá ser sempre respeitado o seu caráter de *direito social fundamental*, não se admitindo alterações constitucionais ou legislativas que venham a atingir o seu núcleo essencial e que caracterizem um retrocesso social.

# REFERÊNCIAS

ALVES, Henrique Napoleão. Considerações acerca da importância histórica da Constituição do México de 1917. [S.l.]: Jus Navigandi, 2007. Disponível em <http://jus.uol.com.br>. Acesso em: 30 out. 2007.

BULOS, Uadi Lammêgo. *Constituição Federal anotada*. 6. ed. São Paulo: Saraiva, 2005.

CANOTILHO, José Joaquim Gomes. *Direito constitucional e teoria da Constituição*. 3. ed. Coimbra, Portugal: Almedina, 1999.

COMPARATO, Fábio Konder. A Constituição mexicana de 1917. [S.l.]: DHNET, [entre 1995 e 2007]. Disponível em <http://www.dhnet.org.br>. Acesso em: 26 out. 2007.

_____. A Constituição alemã de 1919. [S.l.]: DHNET, [entre 1995 e 2007]. Disponível em <http://www.dhnet.org.br>. Acesso em: 26 out. 2007.

GODOY, Arnaldo Sampaio de Moraes. Direito comparado. Notas introdutórias à Constituição da Alemanha. [S.l.]: Jus Navigandi, 2007. Disponível em <http://jus.uol.com.br>. Acesso em: 26 out. 2007.

HORTA, Raul Machado. *Direito constitucional*. 2. ed. Belo Horizonte: Del Rey, 1999.

INSTITUTO DE PESQUISA ECONÔMICA APLICADA. PNAD 2006 — Primeiras análises: Demografia, educação, trabalho, previdência, desigualdade de renda e pobreza. Brasília/Rio de Janeiro. set. 2007. Disponível em <http://www.ipea.gov.br/sites/000/2/pdf_release/18Pnad_Primeiras_Analises_2006.pdf>. Acesso em: 24 dez. 2007.

MARTINS, Sergio Pinto. *Direito da seguridade social*. 17. ed. São Paulo: Atlas, 2002.

MONTEIRO, Adriana Carneiro. Introdução ao pacto dos direitos econômicos, sociais e culturais. [S.l.]: DHNET, [entre 1998 e 2007]. Disponível em <http://www.dhnet.org.br>. Acesso em: 26 out. 2007.

MORAES, Alexandre de. *Direito constitucional*. 9. ed. São Paulo: Atlas, 2001.

PINHEIRO, Maria Cláudia Bucchianeri. A Constituição de Weimar e os direitos fundamentais sociais: a preponderância da Constituição da República Alemã de 1919 na inauguração do constitucionalismo social, à luz da Constituição mexicana de 1917. [S.l.]: Jus Navigandi, 2005. Disponível em <http://jus.uol.com.br>. Acesso em: 30 out. 2007.

ROCHA, Daniel Machado da. *O direito fundamental à previdência social na perspectiva dos princípios constitucionais diretivos do sistema previdenciário brasileiro*. Porto Alegre: Livraria do Advogado, 2004.

SILVA, José Afonso da. *Curso de direito constitucional positivo*. 10. ed. São Paulo: Malheiros, 1995.

WEIS, Carlos. O pacto internacional dos direitos econômicos, sociais e culturais. [S.l.]: DHNET, [entre 1996 e 2007]. Disponível em <http://www.dhnet.org.br>. Acesso em: 26 out. 2007.

# ANEXOS

*Anexo A*

# A PREVIDÊNCIA SOCIAL NA CONSTITUIÇÃO DE 1988

Dispositivos da Constituição de 1988 que guardam relação com o direito à previdência social (com as atualizações das Emendas Constitucionais ns. 20/1998, 41/2003 e 47/2005).

## TÍTULO I
## DOS PRINCÍPIOS FUNDAMENTAIS

**Art. 1º** A República Federativa do Brasil, formada pela união indissolúvel dos Estados e Municípios e do Distrito Federal, constitui-se em Estado Democrático de Direito e tem como fundamentos:

I — a soberania;

II — a cidadania;

III — a dignidade da pessoa humana;

IV — os valores sociais do trabalho e da livre iniciativa;

V — o pluralismo político.

**Parágrafo único.** Todo o poder emana do povo, que o exerce por meio de representantes eleitos ou diretamente, nos termos desta Constituição.

**Art. 3º** Constituem objetivos fundamentais da República Federativa do Brasil:

I — construir uma sociedade livre, justa e solidária;

II — garantir o desenvolvimento nacional;

III — erradicar a pobreza e a marginalização e reduzir as desigualdades sociais e regionais;

IV — promover o bem de todos, sem preconceitos de origem, raça, sexo, cor, idade e quaisquer outras formas de discriminação.

## TÍTULO II
## DOS DIREITOS E GARANTIAS FUNDAMENTAIS

### CAPÍTULO II
### Dos Direitos Sociais

**Art. 6º** São direitos sociais a educação, a saúde, o trabalho, a moradia, o lazer, a segurança, a previdência social, a proteção à maternidade e à infância, a assistência aos desamparados, na forma desta Constituição.

**Art. 7º** São direitos dos trabalhadores urbanos e rurais, além de outros que visem à melhoria de sua condição social:

(...)

II — seguro-desemprego, em caso de desemprego involuntário;

(...)

XII — salário-família pago em razão do dependente do trabalhador de baixa renda nos termos da lei;

(...)

XVIII — licença à gestante, sem prejuízo do emprego e do salário, com a duração de cento e vinte dias;

(...)

XXIV — aposentadoria;

(...)

XXVIII — seguro contra acidentes de trabalho, a cargo do empregador, sem excluir a indenização a que este está obrigado, quando incorrer em dolo ou culpa;

(...)

**Parágrafo único.** São assegurados à categoria dos trabalhadores domésticos os direitos previstos nos incisos IV, VI, VIII, XV, XVII, XVIII, XIX, XXI e XXIV, bem como a sua integração à previdência social.

**Art. 10.** É assegurada a participação dos trabalhadores e empregadores nos colegiados dos órgãos públicos em que seus interesses profissionais ou previdenciários sejam objeto de discussão e deliberação.

**Art. 24.** Compete à União, aos Estados e ao Distrito Federal legislar concorrentemente sobre:

(...)

XII — previdência social, proteção e defesa da saúde;

**Art. 30.** Compete aos Municípios:

I — legislar sobre assuntos de interesse local;

II — suplementar a legislação federal e a estadual no que couber;

**Art. 37.** A administração pública direta e indireta de qualquer dos Poderes da União, dos Estados, do Distrito Federal e dos Municípios obedecerá aos princípios de legalidade, impessoalidade, moralidade, publicidade e eficiência e, também, ao seguinte:

(...)

XI — a remuneração e o subsídio dos ocupantes de cargos, funções e empregos públicos da administração direta, autárquica e fundacional, dos membros de qualquer dos Poderes da União, dos Estados, do Distrito Federal e dos Municípios, dos detentores de mandato eletivo e dos demais agentes políticos e os proventos, pensões ou outra espécie remuneratória, percebidos cumulativamente ou não, incluídas as vantagens pessoais ou de qualquer outra natureza, não poderão exceder o subsídio mensal, em espécie, dos Ministros do Supremo Tribunal Federal, aplicando-se como limite, nos Municípios, o subsídio do Prefeito, e nos Estados e no Distrito Federal, o subsídio mensal do Governador no âmbito do Poder Executivo, o subsídio dos Deputados Estaduais e Distritais no âmbito do Poder Legislativo e o subsídio dos Desembargadores do Tribunal de Justiça, limitado a noventa inteiros e vinte e cinco centésimos por cento do subsídio mensal, em espécie, dos Ministros do Supremo Tribunal Federal, no âmbito do Poder Judiciário, aplicável este limite aos membros do Ministério Público, aos Procuradores e aos Defensores Públicos.

(...)

§ 10. É vedada a percepção simultânea de proventos de aposentadoria decorrentes do art. 40 ou dos arts. 42 e 142 com a remuneração de cargo, emprego ou função pública, ressalvados os cargos acumuláveis na forma desta Constituição, os cargos eletivos e os cargos em comissão declarados em lei de livre nomeação e exoneração

**Art. 40.** Aos servidores titulares de cargos efetivos da União, dos Estados, do Distrito Federal e dos Municípios, incluídas suas autarquias e fundações, é assegurado regime de previdência de caráter contributivo e solidário, mediante contribuição do respectivo ente público, dos servidores ativos e inativos e dos pensionistas, observados critérios que preservem o equilíbrio financeiro e atuarial e o disposto neste artigo.

§ 1º Os servidores abrangidos pelo regime de previdência de que trata este artigo serão aposentados, calculados os seus proventos a partir dos valores fixados na forma dos §§ 3º e 17:

I — por invalidez permanente, sendo os proventos proporcionais ao tempo de contribuição, exceto se decorrente de acidente em serviço, moléstia profissional ou doença grave, contagiosa ou incurável, na forma da lei;

II — compulsoriamente, aos setenta anos de idade, com proventos proporcionais ao tempo de contribuição;

III — voluntariamente, desde que cumprido tempo mínimo de dez anos de efetivo exercício no serviço público e cinco anos no cargo efetivo em que se dará a aposentadoria, observadas as seguintes condições:

a) sessenta anos de idade e trinta e cinco de contribuição, se homem, e cinqüenta e cinco anos de idade e trinta de contribuição, se mulher;

b) sessenta e cinco anos de idade, se homem, e sessenta anos de idade, se mulher, com proventos proporcionais ao tempo de contribuição.

§ 2º Os proventos de aposentadoria e as pensões, por ocasião de sua concessão, não poderão exceder a remuneração do respectivo servidor, no cargo efetivo em que se deu a aposentadoria ou que serviu de referência para a concessão da pensão.

§ 3º Para o cálculo dos proventos de aposentadoria, por ocasião da sua concessão, serão consideradas as remunerações utilizadas como base para as contribuições do servidor aos regimes de previdência de que tratam este artigo e o art. 201, na forma da lei.

§ 4º É vedada a adoção de requisitos e critérios diferenciados para a concessão de aposentadoria aos abrangidos pelo regime de que trata este artigo, ressalvados, nos termos definidos em leis complementares, os casos de servidores:

I — portadores de deficiência;

II — que exerçam atividades de risco;

III — cujas atividades sejam exercidas sob condições especiais que prejudiquem a saúde ou a integridade física.

§ 5º Os requisitos de idade e de tempo de contribuição serão reduzidos em cinco anos, em relação ao disposto no § 1º, III, *a*, para o professor que comprove exclusivamente tempo de efetivo exercício das funções de magistério na educação infantil e no ensino fundamental e médio.

§ 6º Ressalvadas as aposentadorias decorrentes dos cargos acumuláveis na forma desta Constituição, é vedada a percepção de mais de uma aposentadoria à conta do regime de previdência previsto neste artigo.

§ 7º Lei disporá sobre a concessão do benefício de pensão por morte, que será igual:

I — ao valor da totalidade dos proventos do servidor falecido, até o limite máximo estabelecido para os benefícios do regime geral de previdência social de que trata o art. 201, acrescido de setenta por cento da parcela excedente a este limite, caso aposentado à data do óbito; ou

II — ao valor da totalidade da remuneração do servidor no cargo efetivo em que se deu o falecimento, até o limite máximo estabelecido para os benefícios do regime geral de previdência social de que trata o art. 201, acrescido de setenta por cento da parcela excedente a este limite, caso em atividade na data do óbito.

§ 8º É assegurado o reajustamento dos benefícios para preservar-lhes, em caráter permanente, o valor real, conforme critérios estabelecidos em lei.

§ 9º O tempo de contribuição federal, estadual ou municipal será contado para efeito de aposentadoria e o tempo de serviço correspondente para efeito de disponibilidade.

§ 10. A lei não poderá estabelecer qualquer forma de contagem de tempo de contribuição fictício.

§ 11. Aplica-se o limite fixado no art. 37, XI, à soma total dos proventos de inatividade, inclusive quando decorrentes da acumulação de cargos ou empregos públicos, bem como de outras atividades sujeitas a contribuição para o regime geral de previdência social, e ao montante resultante da adição de proventos de inatividade com remuneração de cargo acumulável na forma desta Constituição, cargo em comissão declarado em lei de livre nomeação e exoneração, e de cargo eletivo.

§ 12. Além do disposto neste artigo, o regime de previdência dos servidores públicos titulares de cargo efetivo observará, no que couber, os requisitos e critérios fixados para o regime geral de previdência social.

§ 13. Ao servidor ocupante, exclusivamente, de cargo em comissão declarado em lei de livre nomeação e exoneração bem como de outro cargo temporário ou de emprego público, aplica-se o regime geral de previdência social.

§ 14. A União, os Estados, o Distrito Federal e os Municípios, desde que instituam regime de previdência complementar para os seus respectivos servidores titulares de cargo efetivo, poderão fixar, para o valor das aposentadorias e pensões a serem concedidas pelo regime de que trata este artigo, o limite máximo estabelecido para os benefícios do regime geral de previdência social de que trata o art. 201.

§ 15. O regime de previdência complementar de que trata o § 14 será instituído por lei de iniciativa do respectivo Poder Executivo, observado o disposto no art. 202 e seus parágrafos, no que couber, por intermédio de entidades fechadas de previdência complementar, de natureza pública, que oferecerão aos respectivos participantes planos de benefícios somente na modalidade de contribuição definida.

§ 16. Somente mediante sua prévia e expressa opção, o disposto nos §§ 14 e 15 poderá ser aplicado ao servidor que tiver ingressado no serviço público até a data da publicação do ato de instituição do correspondente regime de previdência complementar.

§ 17. Todos os valores de remuneração considerados para o cálculo do benefício previsto no § 3º serão devidamente atualizados, na forma da lei.

§ 18. Incidirá contribuição sobre os proventos de aposentadorias e pensões concedidas pelo regime de que trata este artigo que superem o limite máximo estabelecido para os benefícios do regime geral de previdência social de que trata o art. 201, com percentual igual ao estabelecido para os servidores titulares de cargos efetivos.

§ 19. O servidor de que trata este artigo que tenha completado as exigências para aposentadoria voluntária estabelecidas no § 1º, III, *a*, e que opte por permanecer em atividade fará jus a um abono de permanência equivalente ao valor da sua contribuição previdenciária até completar as exigências para aposentadoria compulsória contidas no § 1º, II.

§ 20. Fica vedada a existência de mais de um regime próprio de previdência social para os servidores titulares de cargos efetivos, e de mais de uma unidade gestora do respectivo regime em cada ente estatal, ressalvado o disposto no art. 142, § 3º, X.

§ 21. A contribuição prevista no § 18 deste artigo incidirá apenas sobre as parcelas de proventos de aposentadoria e de pensão que superem o dobro do limite máximo estabelecido para os benefícios do regime geral de previdência social de que trata o art. 201 desta Constituição, quando o beneficiário, na forma da lei, for portador de doença incapacitante.

**Art. 42.** Os membros das Polícias Militares e Corpos de Bombeiros Militares, instituições organizadas com base na hierarquia e disciplina, são militares dos Estados, do Distrito Federal e dos Territórios.

§ 1º Aplicam-se aos militares dos Estados, do Distrito Federal e dos Territórios, além do que vier a ser fixado em lei, as disposições do art. 14, § 8º; do art. 40, § 9º; e do art. 142, §§ 2º e 3º, cabendo a lei estadual específica dispor sobre as matérias do art. 142, § 3º, inciso X, sendo as patentes dos oficiais conferidas pelos respectivos governadores.

§ 2º Aos pensionistas dos militares dos Estados, do Distrito Federal e dos Territórios aplica-se o que for fixado em lei específica do respectivo ente estatal.

**Art. 60.** A Constituição poderá ser emendada mediante proposta:

I — de um terço, no mínimo, dos membros da Câmara dos Deputados ou do Senado Federal;

II — do Presidente da República;

III — de mais da metade das Assembléias Legislativas das unidades da Federação, manifestando-se, cada uma delas, pela maioria relativa de seus membros.

§ 1º A Constituição não poderá ser emendada na vigência de intervenção federal, de estado de defesa ou de estado de sítio.

§ 2º A proposta será discutida e votada em cada Casa do Congresso Nacional, em dois turnos, considerando-se aprovada se obtiver, em ambos, três quintos dos votos dos respectivos membros.

§ 3º A emenda à Constituição será promulgada pelas Mesas da Câmara dos Deputados e do Senado Federal, com o respectivo número de ordem.

§ 4º Não será objeto de deliberação a proposta de emenda tendente a abolir:

I — a forma federativa de Estado;

II — o voto direto, secreto, universal e periódico;

III — a separação dos Poderes;

IV — os direitos e garantias individuais.

§ 5º A matéria constante de proposta de emenda rejeitada ou havida por prejudicada não pode ser objeto de nova proposta na mesma sessão legislativa.

**Art. 71.** O controle externo, a cargo do Congresso Nacional, será exercido com o auxílio do Tribunal de Contas da União, ao qual compete:

(...)

III — apreciar, para fins de registro, a legalidade dos atos de admissão de pessoal, a qualquer título, na administração direta e indireta, incluídas as fundações instituídas e mantidas pelo Poder Público, excetuadas as nomeações para cargo de provimento em comissão, bem como a das concessões de aposentadorias, reformas e pensões, ressalvadas as melhorias posteriores que não alterem o fundamento legal do ato concessório;

**Art. 93.** Lei complementar, de iniciativa do Supremo Tribunal Federal, disporá sobre o Estatuto da Magistratura, observados os seguintes princípios:

(...)

VI — a aposentadoria dos magistrados e a pensão de seus dependentes observarão o disposto no art. 40;

**Art. 100.** À exceção dos créditos de natureza alimentícia, os pagamentos devidos pela Fazenda Federal, Estadual ou Municipal, em virtude de sentença judiciária, far-se-ão exclusivamente na ordem cronológica de apresentação dos precatórios e à conta dos créditos respectivos, proibida a designação de casos ou de pessoas nas dotações orçamentárias e nos créditos adicionais abertos para este fim.

§ 1º É obrigatória a inclusão, no orçamento das entidades de direito público, de verba necessária ao pagamento de seus débitos oriundos de sentenças transitadas em julgado, constantes de precatórios judiciários, apresentados até 1º de julho, fazendo-se o pagamento até o final do exercício seguinte, quando terão seus valores atualizados monetariamente.

§ 1º A Os débitos de natureza alimentícia compreendem aqueles decorrentes de salários, vencimentos, proventos, pensões e suas complementações, benefícios previdenciários e indenizações por morte ou invalidez, fundadas na responsabilidade civil, em virtude de sentença transitada em julgado.

**Art. 109.** Aos juízes federais compete processar e julgar:

I — as causas em que a União, entidade autárquica ou empresa pública federal forem interessadas na condição de autoras, rés, assistentes ou oponentes, exceto as de falência, as de acidentes de trabalho e as sujeitas à Justiça Eleitoral e à Justiça do Trabalho;

(...)

§ 3º Serão processadas e julgadas na justiça estadual, no foro do domicílio dos segurados ou beneficiários, as causas em que forem parte instituição de previdência social e segurado, sempre que a comarca não seja sede de vara do juízo federal, e, se verificada essa condição, a lei poderá permitir que outras causas sejam também processadas e julgadas pela justiça estadual.

§ 4º Na hipótese do parágrafo anterior, o recurso cabível será sempre para o Tribunal Regional Federal na área de jurisdição do juiz de primeiro grau.

**Art. 114.** Compete à Justiça do Trabalho processar e julgar:

(...)

VIII — a execução, de ofício, das contribuições sociais previstas no art. 195, I, *a*, e II, e seus acréscimos legais, decorrentes das sentenças que proferir;

**Art. 142.** As Forças Armadas, constituídas pela Marinha, pelo Exército e pela Aeronáutica, são instituições nacionais permanentes e regulares, organizadas com base na hierarquia e na disciplina, sob a autoridade suprema do Presidente da República, e destinam-se à defesa da Pátria, à garantia dos poderes constitucionais e, por iniciativa de qualquer destes, da lei e da ordem.

(...)

§ 3º Os membros das Forças Armadas são denominados militares, aplicando-se-lhes, além das que vierem a ser fixadas em lei, as seguintes disposições:

(...)

X — a lei disporá sobre o ingresso nas Forças Armadas, os limites de idade, a estabilidade e outras condições de transferência do militar para a inatividade, os direitos, os deveres, a remuneração, as prerrogativas e outras situações especiais dos militares, consideradas as peculiaridades de suas atividades, inclusive aquelas cumpridas por força de compromissos internacionais e de guerra.

**Art. 149.** Compete exclusivamente à União instituir contribuições sociais, de intervenção no domínio econômico e de interesse das categorias profissionais ou econômicas, como instrumento de sua atuação nas respectivas áreas, observado o disposto nos arts. 146, III, e 150, I e III, e sem prejuízo do previsto no art. 195, § 6º, relativamente às contribuições a que alude o dispositivo.

§ 1º Os Estados, o Distrito Federal e os Municípios instituirão contribuição, cobrada de seus servidores, para o custeio, em benefício destes, do regime previdenciário de que trata o art. 40, cuja alíquota não será inferior à da contribuição dos servidores titulares de cargos efetivos da União.

**Art. 165.** Leis de iniciativa do Poder Executivo estabelecerão:

(...)

**§ 5º** A lei orçamentária anual compreenderá:

(...)

III — o orçamento da seguridade social, abrangendo todas as entidades e órgãos a ela vinculados, da administração direta ou indireta, bem como os fundos e fundações instituídos e mantidos pelo Poder Público.

## TÍTULO VIII
## DA ORDEM SOCIAL

### CAPÍTULO I
### Disposição Geral

**Art. 193.** A ordem social tem como base o primado do trabalho, e como objetivo o bem-estar e a justiça sociais.

### CAPÍTULO II
### Da Seguridade Social

*Seção I*
*Disposições Gerais*

**Art. 194.** A seguridade social compreende um conjunto integrado de ações de iniciativa dos Poderes Públicos e da sociedade, destinadas a assegurar os direitos relativos à saúde, à previdência e à assistência social.

**Parágrafo único.** Compete ao Poder Público, nos termos da lei, organizar a seguridade social, com base nos seguintes objetivos:

I — universalidade da cobertura e do atendimento;

II — uniformidade e equivalência dos benefícios e serviços às populações urbanas e rurais;

III — seletividade e distributividade na prestação dos benefícios e serviços;

IV — irredutibilidade do valor dos benefícios;

V — eqüidade na forma de participação no custeio;

VI — diversidade da base de financiamento;

VII — caráter democrático e descentralizado da administração, mediante gestão quadripartite, com participação dos trabalhadores, dos empregadores, dos aposentados e do Governo nos órgãos colegiados.

**Art. 195.** A seguridade social será financiada por toda a sociedade, de forma direta e indireta, nos termos da lei, mediante recursos provenientes dos orçamentos da União, dos Estados, do Distrito Federal e dos Municípios, e das seguintes contribuições sociais:

I — do empregador, da empresa e da entidade a ela equiparada na forma da lei, incidentes sobre:

a) a folha de salários e demais rendimentos do trabalho pagos ou creditados, a qualquer título, à pessoa física que lhe preste serviço, mesmo sem vínculo empregatício;

b) a receita ou o faturamento;

c) o lucro;

II — do trabalhador e dos demais segurados da previdência social, não incidindo contribuição sobre aposentadoria e pensão concedidas pelo regime geral de previdência social de que trata o art. 201;

III — sobre a receita de concursos de prognósticos;

IV — do importador de bens ou serviços do exterior, ou de quem a lei a ele equiparar.

§ 1º As receitas dos Estados, do Distrito Federal e dos Municípios destinadas à seguridade social constarão dos respectivos orçamentos, não integrando o orçamento da União.

§ 2º A proposta de orçamento da seguridade social será elaborada de forma integrada pelos órgãos responsáveis pela saúde, previdência social e assistência social, tendo em vista as metas e prioridades estabelecidas na lei de diretrizes orçamentárias, assegurada a cada área a gestão de seus recursos.

§ 3º A pessoa jurídica em débito com o sistema da seguridade social, como estabelecido em lei, não poderá contratar com o Poder Público nem dele receber benefícios ou incentivos fiscais ou creditícios.

§ 4º A lei poderá instituir outras fontes destinadas a garantir a manutenção ou expansão da seguridade social, obedecido o disposto no art. 154, I.

§ 5º Nenhum benefício ou serviço da seguridade social poderá ser criado, majorado ou estendido sem a correspondente fonte de custeio total.

§ 6º As contribuições sociais de que trata este artigo só poderão ser exigidas após decorridos noventa dias da data da publicação da lei que as houver instituído ou modificado, não se lhes aplicando o disposto no art. 150, III, *b*.

§ 7º São isentas de contribuição para a seguridade social as entidades beneficentes de assistência social que atendam às exigências estabelecidas em lei.

§ 8º O produtor, o parceiro, o meeiro e o arrendatário rurais e o pescador artesanal, bem como os respectivos cônjuges, que exerçam suas atividades em regime de economia familiar, sem empregados permanentes, contribuirão para a seguridade social mediante a aplicação de uma alíquota sobre o resultado da comercialização da produção e farão jus aos benefícios nos termos da lei.

§ 9º As contribuições sociais previstas no inciso I do *caput* deste artigo poderão ter alíquotas ou bases de cálculo diferenciadas, em razão da atividade econômica, da utilização intensiva de mão-de-obra, do porte da empresa ou da condição estrutural do mercado de trabalho.

§ 10. A lei definirá os critérios de transferência de recursos para o sistema único de saúde e ações de assistência social da União para os Estados, o Distrito Federal e os Municípios, e dos Estados para os Municípios, observada a respectiva contrapartida de recursos.

§ 11. É vedada a concessão de remissão ou anistia das contribuições sociais de que tratam os incisos I, a, e II deste artigo, para débitos em montante superior ao fixado em lei complementar.

§ 12. A lei definirá os setores de atividade econômica para os quais as contribuições incidentes na forma dos incisos I, b; e IV do *caput*, serão não-cumulativas.

§ 13. Aplica-se o disposto no § 12 inclusive na hipótese de substituição gradual, total ou parcial, da contribuição incidente na forma do inciso I, a, pela incidente sobre a receita ou o faturamento.

*Seção III*
*Da Previdência Social*

**Art. 201.** A previdência social será organizada sob a forma de regime geral, de caráter contributivo e de filiação obrigatória, observados critérios que preservem o equilíbrio financeiro e atuarial, e atenderá, nos termos da lei, a:

I — cobertura dos eventos de doença, invalidez, morte e idade avançada;

II — proteção à maternidade, especialmente à gestante;

III — proteção ao trabalhador em situação de desemprego involuntário;

IV — salário-família e auxílio-reclusão para os dependentes dos segurados de baixa renda;

V — pensão por morte do segurado, homem ou mulher, ao cônjuge ou companheiro e dependentes, observado o disposto no § 2º.

§ 1º É vedada a adoção de requisitos e critérios diferenciados para a concessão de aposentadoria aos beneficiários do regime geral de previdência social, ressalvados os casos de atividades exercidas sob condições especiais que prejudiquem a saúde ou a integridade física e quando se tratar de segurados portadores de deficiência, nos termos definidos em lei complementar.

§ 2º Nenhum benefício que substitua o salário de contribuição ou o rendimento do trabalho do segurado terá valor mensal inferior ao salário mínimo.

§ 3º Todos os salários de contribuição considerados para o cálculo de benefício serão devidamente atualizados, na forma da lei.

§ 4º É assegurado o reajustamento dos benefícios para preservar-lhes, em caráter permanente, o valor real, conforme critérios definidos em lei.

§ 5º É vedada a filiação ao regime geral de previdência social, na qualidade de segurado facultativo, de pessoa participante de regime próprio de previdência.

§ 6º A gratificação natalina dos aposentados e pensionistas terá por base o valor dos proventos do mês de dezembro de cada ano.

§ 7º É assegurada aposentadoria no regime geral de previdência social, nos termos da lei, obedecidas as seguintes condições:

I — trinta e cinco anos de contribuição, se homem, e trinta anos de contribuição, se mulher;

II — sessenta e cinco anos de idade, se homem, e sessenta anos de idade, se mulher, reduzido em cinco anos o limite para os trabalhadores rurais de ambos os sexos e para os que exerçam suas atividades em regime de economia familiar, nestes incluídos o produtor rural, o garimpeiro e o pescador artesanal.

§ 8º Os requisitos a que se refere o inciso I do parágrafo anterior serão reduzidos em cinco anos, para o professor que comprove exclusivamente tempo de efetivo exercício das funções de magistério na educação infantil e no ensino fundamental e médio.

§ 9º Para efeito de aposentadoria, é assegurada a contagem recíproca do tempo de contribuição na administração pública e na atividade privada, rural e urbana, hipótese em que os diversos regimes de previdência social se compensarão financeiramente, segundo critérios estabelecidos em lei.

§ 10. Lei disciplinará a cobertura do risco de acidente do trabalho, a ser atendida concorrentemente pelo regime geral de previdência social e pelo setor privado.

§ 11. Os ganhos habituais do empregado, a qualquer título, serão incorporados ao salário para efeito de contribuição previdenciária e conseqüente repercussão em benefícios, nos casos e na forma da lei.

§ 12. Lei disporá sobre sistema especial de inclusão previdenciária para atender a trabalhadores de baixa renda e àqueles sem renda própria que se dediquem exclusivamente ao trabalho doméstico no âmbito de sua residência, desde que pertencentes a famílias de baixa renda, garantindo-lhes acesso a benefícios de valor igual a um salário mínimo.

§ 13. O sistema especial de inclusão previdenciária de que trata o § 12 deste artigo terá alíquotas e carências inferiores às vigentes para os demais segurados do regime geral de previdência social.

**Art. 202.** O regime de previdência privada, de caráter complementar e organizado de forma autônoma em relação ao regime geral de previdência social, será facultativo, baseado na constituição de reservas que garantam o benefício contratado, e regulado por lei complementar.

§ 1º A lei complementar de que trata este artigo assegurará ao participante de planos de benefícios de entidades de previdência privada o pleno acesso às informações relativas à gestão de seus respectivos planos.

§ 2º As contribuições do empregador, os benefícios e as condições contratuais previstas nos estatutos, regulamentos e planos de benefícios das entidades de previdência privada não integram o contrato de trabalho dos participantes, assim como, à exceção dos benefícios concedidos, não integram a remuneração dos participantes, nos termos da lei.

§ 3º É vedado o aporte de recursos a entidade de previdência privada pela União, Estados, Distrito Federal e Municípios, suas autarquias, fundações, empresas públicas, sociedades de economia mista e outras entidades públicas, salvo na qualidade de patrocinador, situação na qual, em hipótese alguma, sua contribuição normal poderá exceder a do segurado.

§ 4º Lei complementar disciplinará a relação entre a União, Estados, Distrito Federal ou Municípios, inclusive suas autarquias, fundações, sociedades de economia mista e empresas controladas direta ou indiretamente, enquanto patrocinadoras de entidades fechadas de previdência privada, e suas respectivas entidades fechadas de previdência privada.

**§ 5º** A lei complementar de que trata o parágrafo anterior aplicar-se-á, no que couber, às empresas privadas permissionárias ou concessionárias de prestação de serviços públicos, quando patrocinadoras de entidades fechadas de previdência privada.

**§ 6º** A lei complementar a que se refere o § 4º deste artigo estabelecerá os requisitos para a designação dos membros das diretorias das entidades fechadas de previdência privada e disciplinará a inserção dos participantes nos colegiados e instâncias de decisão em que seus interesses sejam objeto de discussão e deliberação.

**Art. 248.** Os benefícios pagos, a qualquer título, pelo órgão responsável pelo regime geral de previdência social, ainda que à conta do Tesouro Nacional, e os não sujeitos ao limite máximo de valor fixado para os benefícios concedidos por esse regime observarão os limites fixados no art. 37, XI.

**Art. 249.** Com o objetivo de assegurar recursos para o pagamento de proventos de aposentadoria e pensões concedidas aos respectivos servidores e seus dependentes, em adição aos recursos dos respectivos tesouros, a União, os Estados, o Distrito Federal e os Municípios poderão constituir fundos integrados pelos recursos provenientes de contribuições e por bens, direitos e ativos de qualquer natureza, mediante lei que disporá sobre a natureza e administração desses fundos.

**Art. 250.** Com o objetivo de assegurar recursos para o pagamento dos benefícios concedidos pelo regime geral de previdência social, em adição aos recursos de sua arrecadação, a União poderá constituir fundo integrado por bens, direitos e ativos de qualquer natureza, mediante lei que disporá sobre a natureza e administração desse fundo.

# ANEXO B

## A PREVIDÊNCIA SOCIAL NAS CONSTITUIÇÕES BRASILEIRAS, DE 1824 A 1969[22]

### CONSTITUIÇÃO DE 1824

**Art. 179.** A inviolabilidade dos Direitos Civis, e Politicos dos Cidadãos Brazileiros, que tem por base a liberdade, a segurança individual, e a propriedade, é garantida pela Constituição do Imperio, pela maneira seguinte.

(...)

XXXI. A Constituição tambem garante os soccorros publicos.

### CONSTITUIÇÃO DE 1891

**Art. 75.** A aposentadoria só poderá ser dada aos funcionários públicos em caso de invalidez no serviço da Nação.

DISPOSIÇÕES TRANSITÓRIAS

**Art. 7º** É concedida a D. Pedro de Alcântara, ex-Imperador do Brasil, uma pensão que, a contar de 15 de novembro de 1889, garanta-lhe, por todo o tempo de sua vida, subsistência decente. O Congresso ordinário, em sua primeira reunião, fixará o *quantum* desta pensão.

### CONSTITUIÇÃO DE 1934

**Art. 5º** Compete privativamente à União:

(...)

XIX — legislar sobre:

c) normas fundamentais do direito rural, do regime penitenciário, da arbitragem comercial, da assistência social, da assistência judiciária e das estatísticas de interesse coletivo;

**Art. 10.** Compete concorrentemente à União e aos Estados:

(...)

---

(22) Para uma visão histórica de sua evolução nas Constituições brasileiras, estão relacionados neste anexo todos os dispositivos referentes ao direito à previdência social nelas encontrados, desde a Constituição do Império de 1824 até a Emenda Constitucional n. 1, de 1969. Os textos foram obtidos por meio de consulta ao endereço eletrônico <"http://www.presidencia.gov.br/legislacao/">.

II — cuidar da saúde e assistência públicas;

(...)

V — fiscalizar a aplicação das leis sociais;

**Art. 33.** Nenhum Deputado, desde a expedição do diploma, poderá:

(...)

**§ 3º** Durante as sessões da Câmara, o Deputado, funcionário civil ou militar, contará, por duas Legislaturas, no máximo, tempo para promoção, aposentadoria ou reforma, e só receberá dos cofres públicos ajuda de custo e subsídio, sem outro qualquer provento do posto ou cargo que ocupe podendo, na vigência do mandato, ser promovido, unicamente por antigüidade, salvo os casos do art. 32, § 2º.

**Art. 39.** Compete privativamente ao Poder Legislativo, com a sanção do Presidente da República:

(...)

8) legislar sobre

(...)

d) licenças, aposentadorias e reformas, não podendo por disposições especiais concedê-las nem alterar as concedidas;

**Art. 64.** Salvas as restrições expressas na Constituição, os Juízes gozarão das garantias seguintes:

a) vitaliciedade, não podendo perder o cargo senão em virtude de sentença judiciária, exoneração a pedido, ou aposentadoria, a qual será compulsória aos 75 anos de idade, ou por motivo de invalidez comprovada, e facultativa em razão de serviços públicos prestados por mais de trinta anos, e definidos em lei;

**Art. 104.** Compete aos Estados legislar sobre a sua divisão e organização judiciárias e prover os respectivos cargos, observados os preceitos dos arts. 64 a 72 da Constituição, mesmo quanto à requisição de força federal, ainda os princípios seguintes:

(...)

**§ 5º** O limite de idade poderá ser reduzido até 60 anos para a aposentadoria compulsória dos Juízes e até 25 anos, para a primeira nomeação.

**Art. 121.** A lei promoverá o amparo da produção e estabelecerá as condições do trabalho, na cidade e nos campos, tendo em vista a proteção social do trabalhador e os interesses econômicos do País.

**§ 1º** A legislação do trabalho observará os seguintes preceitos, além de outros que colimem melhorar as condições do trabalhador:

(...)

h) assistência médica e sanitária ao trabalhador e à gestante, assegurando a esta descanso antes e depois do parto, sem prejuízo do salário e do emprego, e instituição de previdência, mediante contribuição igual da União, do empregador e do empregado, a favor da velhice, da invalidez, da maternidade e nos casos de acidentes de trabalho ou de morte;

**Art. 131.** É vedada a propriedade de empresas jornalísticas, políticas ou noticiosas a sociedades anônimas por ações ao portador e a estrangeiros. Estes e as pessoas jurídicas não podem ser acionistas das sociedades anônimas proprietárias de tais empresas. A responsabilidade principal e de orientação intelectual ou administrativa da imprensa política ou noticiosa só por brasileiros natos pode ser exercida. A lei orgânica de imprensa estabelecerá regras relativas ao trabalho dos redatores, operários e demais empregados, assegurando-lhes estabilidade, férias e aposentadoria.

**Art. 170.** O Poder Legislativo votará o Estatuto dos Funcionários Públicos, obedecendo às seguintes normas, desde já em vigor:

(...)

3º) salvo os casos previstos na Constituição, serão aposentados, compulsoriamente os funcionários que atingirem 68 anos de idade;

4º) a invalidez para o exercício do cargo ou posto determinará a aposentadoria ou reforma, que, nesse caso, se contar o funcionário mais de trinta anos de serviço público efetivo, nos termos da lei, será concedida com os vencimentos integrais;

5º) o prazo para a concessão da aposentadoria com vencimentos integrais, por invalidez, poderá ser excepcionalmente reduzido nos casos que a lei determinar;

6º) o funcionário que se invalidar em conseqüência de acidente ocorrido no serviço será aposentado com vencimentos integrais, qualquer que seja o seu tempo de serviço; serão também aposentados os atacados de doença contagiosa ou incurável, que os inabilite para o exercício do cargo;

7º) os proventos da aposentadoria ou jubilação não poderão exceder os vencimentos da atividade;

**Art. 172.** É vedada a acumulação de cargos públicos remunerados da União, dos Estados e dos Municípios.

(...)

**§ 2º** As pensões de montepio e as vantagens da inatividade só poderão ser acumuladas, se reunidas, não excederem o máximo fixado por lei, ou se resultarem de cargos legalmente acumuláveis.

(...)

**§ 4º** A aceitação de cargo remunerado importa à suspensão dos proventos da inatividade. A suspensão será completa, em se tratando de cargo eletivo remunerado, com subsídio anual; se, porém, o subsídio for mensal, cessarão aqueles proventos apenas durante os meses em que for vencido.

## CONSTITUIÇÃO DE 1937

**Art. 16.** Compete privativamente à União o poder de legislar sobre as seguintes matérias:

(...)

XVII — o regime de seguros e sua fiscalização;

**Art. 91.** Salvo as restrições expressas na Constituição, os Juízes gozam das garantias seguintes:

a) vitaliciedade, não podendo perder o cargo a não ser em virtude de sentença judiciária, exoneração a pedido, ou aposentadoria compulsória, aos sessenta e oito anos de idade ou em razão de invalidez comprovada, e facultativa nos casos de serviço público prestado por mais de trinta anos, na forma da lei;

**Art. 137.** A legislação do trabalho observará, além de outros, os seguintes preceitos:

(...)

m) a instituição de seguros de velhice, de invalidez, de vida e para os casos de acidentes do trabalho;

n) as associações de trabalhadores têm o dever de prestar aos seus associados auxílio ou assistência, no referente às práticas administrativas ou judiciais relativas aos seguros de acidentes do trabalho e aos seguros sociais.

**Art. 156.** O Poder Legislativo organizará o Estatuto dos Funcionários Públicos, obedecendo aos seguintes preceitos desde já em vigor:

(...)

d) serão aposentados compulsoriamente com a idade de sessenta e oito anos; a lei poderá reduzir o limite de idade para categorias especiais de funcionários, de acordo com a natureza do serviço;

e) a invalidez para o exercício do cargo ou posto determinará aposentadoria ou reforma, que será concedida com vencimentos integrais, se contar o funcionário mais de trinta anos de serviço efetivo; o prazo para a concessão da aposentadoria ou reforma com vencimentos integrais, por invalidez, poderá ser excepcionalmente reduzido nos casos que a lei determinar;

f) o funcionário invalidado em conseqüência de acidente ocorrido no serviço será aposentado com vencimentos integrais, seja qual for o seu tempo de exercício;

g) as vantagens da inatividade não poderão, em caso algum, exceder às da atividade;

**Art. 177.** Dentro do prazo de sessenta dias, a contar da data desta Constituição, poderão ser aposentados ou reformados de acordo com a legislação em vigor os funcionários civis e militares cujo afastamento se impuser, a juízo exclusivo do Governo, no interesse do serviço público ou por conveniência do regime.

**Art. 182.** Os funcionários da Justiça Federal, não admitidos na nova organização judiciária e que gozavam da garantia da vitaliciedade, serão aposentados com todos os vencimentos se contarem mais de trinta anos de serviço, e se contarem menos ficarão em disponibilidade com vencimentos proporcionais ao tempo de serviço até serem aproveitados em cargos de vantagens equivalentes.

**CONSTITUIÇÃO DE 1946**

**Art. 5º** Compete à União:

(...)

XV — legislar sobre:

(...)

b) normas gerais de direito financeiro; de seguro e previdência social; de defesa e proteção da saúde; e de regime penitenciário;

**Art. 6º** A competência federal para legislar sobre as matérias do art. 5º, n. XV, letras *b* , *e* , *d* , *f* , *h* , *j* , *l* , *o* e *r*, não exclui a legislação estadual supletiva ou complementar.

**Art. 50.** Enquanto durar o mandato, o funcionário público ficará afastado do exercício do cargo, contando-se-lhe tempo de serviço apenas para promoção por antiguidade e aposentadoria.

**Art. 77.** Compete ao Tribunal de Contas:

(...)

III — julgar da legalidade dos contratos e das aposentadorias, reformas e pensões.

**Art. 95.** Salvo as restrições expressas nesta Constituição, os Juízes gozarão das garantias seguintes:

(...)

§ 1º A aposentadoria será compulsória aos setenta anos de idade ou por invalidez comprovada, e facultativa após trinta anos de serviço público, contados na forma da lei.

§ 2º A aposentadoria, em qualquer desses casos, será decretada com vencimentos integrais.

**Art. 157.** A legislação do trabalho e a da previdência social obedecerão nos seguintes preceitos, além de outros que visem a melhoria da condição dos trabalhadores:

(...)

XVI — previdência, mediante contribuição da União, do empregador e do empregado, em favor da maternidade e contra as conseqüências da doença, da velhice, da invalidez e da morte;

XVII — obrigatoriedade da instituição do seguro pelo empregador contra os acidentes do trabalho.

**Art. 191.** O funcionário será aposentado:

I — por invalidez;

II — compulsoriamente, aos 70 anos de idade.

§ 1º Será aposentado, se o requerer, o funcionário que contar 35 anos de serviço.

§ 2º Os vencimentos da aposentadoria serão integrais, se o funcionário contar 30 anos de serviço; e proporcionais, se contar tempo menor.

§ 3º Serão integrais os vencimentos da aposentadoria, quando o funcionário, se invalidar por acidente ocorrido no serviço, por moléstia profissional ou por doença grave contagiosa ou incurável especificada em lei.

§ 4º Atendendo à natureza especial do serviço, poderá a lei reduzir os limites referidos em o n. II e no § 2º deste artigo.

**Art. 192.** O tempo de serviço público, federal, estadual ou municipal computar-se-á integralmente para efeitos de disponibilidade e aposentadoria.

**Art. 193.** Os proventos da inatividade serão revistos sempre que, por motivo de alteração do poder aquisitivo da moeda, se modificarem os vencimentos dos funcionários em atividade.

ATO DAS DISPOSIÇÕES CONSTITUCIONAIS TRANSITÓRIAS

**Art. 23.** Os atuais funcionários interinos da União, dos Estados e Municípios, que contem, pelo menos, cinco anos de exercício, serão automaticamente efetivados na data da promulgação deste Ato; e os atuais extra numerários que exerçam função de caráter permanente há mais de cinco anos ou em virtude de concurso ou prova de habilitação serão equiparados aos funcionários, para efeito de estabilidade, aposentadoria, licença, disponibilidade e férias.

**Art. 24.** Os funcionários que, conforme a legislação então vigente, acumulavam funções de magistério, técnicas ou científicas e que, pela desacumulação ordenada pela Carta de 10 de novembro de 1937 e Decreto-Lei n. 24 de 1º de dezembro do mesmo ano, perderam cargo efetivo, são nele considerados em disponibilidade remunerada até que sejam reaproveitados, sem direito aos vencimentos anteriores à data da promulgação deste Ato.

**Parágrafo único.** Ficam restabelecidas as vantagens da aposentadoria aos que as perderam por força do mencionado decreto, sem direito igualmente à percepção de vencimentos anteriores à data da promulgação deste Ato.

**CONSTITUIÇÃO DE 1967**

**Art. 8º** Compete à União:

(...)

XVII — legislar sobre:

c) Normas gerais de direito financeiro; de seguro e previdência social; de defesa e proteção da saúde; de regime penitenciário;

**Art. 73.** O Tribunal de Contas tem sede na Capital da União e jurisdição em todo o território nacional.

(...)

**§ 5º** O Tribunal de Contas, de ofício ou mediante provocação do Ministério Público ou das Auditorias Financeiras e Orçamentárias e demais órgãos auxiliares, se verificar a ilegalidade de qualquer despesa, inclusive as decorrentes de contratos, aposentadorias, reformas e pensões, deverá:

a) assinar prazo razoável para que o órgão da Administração Pública adote as providências necessárias ao exato cumprimento da lei;

b) no caso do não atendimento, sustar a execução do ato, exceto em relação aos contratos;

c) na hipótese de contrato, solicitar ao Congresso Nacional que determine a medida prevista na alínea anterior, ou outras que julgar necessárias ao resguardo dos objetivos legais.

(...)

**§ 8º** O Tribunal de Contas julgará da legalidade das concessões iniciais de aposentadorias, reformas e pensões, independendo de sua decisão as melhorias posteriores.

**Art. 97.** É vedada a acumulação remunerada, exceto:

(...)

**§ 3º** A proibição de acumular proventos não se aplica aos aposentados, quanto ao exercício de mandato eletivo, cargo em comissão ou ao contrato para prestação de serviços técnicos ou especializados.

**Art. 100.** O funcionário será aposentado:

I — por invalidez;

II — compulsoriamente, aos setenta anos de idade;

III — voluntariamente, após trinta e cinco anos de serviço.

**§ 1º** No caso do n. III, o prazo é reduzido a trinta anos, para as mulheres.

**§ 2º** Atendendo à natureza especial do serviço, a lei federal poderá reduzir os limites de idade e de tempo de serviço, nunca inferiores a sessenta e cinco e vinte e cinco anos, respectivamente, para a aposentadoria compulsória e a facultativa, com as vantagens do item I do art. 101.

**Art. 101.** Os proventos da aposentadoria serão:

I — integrais, quando o funcionário:

a) contar trinta e cinco anos de serviço, se do sexo masculino; ou trinta anos de serviço, se do feminino;

b) invalidar-se por acidente ocorrido em serviço, por moléstia profissional ou doença grave, contagiosa ou incurável, especificada em lei;

II — proporcionais ao tempo de serviço, quando o funcionário contar menos de trinta e cinco anos de serviço.

**§ 1º** O tempo de serviço público federal, estadual ou municipal será computado integralmente para os efeitos de aposentadoria e disponibilidade.

**§ 2º** Os proventos da inatividade serão revistos sempre que, por motivo de alteração, do poder aquisitivo da moeda, se modificarem os vencimentos dos funcionários em atividade.

**§ 3º** Ressalvado o disposto no parágrafo anterior, em caso nenhum os proventos da inatividade poderão exceder a remuneração percebida na atividade.

**Art. 102.** Enquanto durar o mandato, o funcionário público ficará afastado do exercício do cargo e só por antigüidade poderá ser promovido, contando-se-lhe o tempo de serviço apenas para essa promoção e para aposentadoria.

**Art. 108** Salvo as restrições expressas nesta Constituição, gozarão os Juízes das garantias seguintes:

(...)

**§ 1º** A aposentadoria será compulsória aos setenta anos de idade ou por invalidez comprovada, e facultativa após trinta anos de serviço público em todos esses casos com os vencimentos integrais.

**Art. 158.** A Constituição assegura aos trabalhadores os seguintes direitos, além de outros que, nos termos da lei, visem à melhoria de sua condição social:

(...)

XVI — previdência social, mediante contribuição da União, do empregador e do empregado, para seguro-desemprego, proteção da maternidade e, nos casos de doença, velhice, invalidez e morte;

XVII — seguro obrigatório pelo empregador contra acidentes do trabalho;

(...)

XX — aposentadoria para a mulher, aos trinta anos de trabalho, com salário integral;

(...)

§ 1º Nenhuma prestação de serviço de caráter assistencial ou de benefício compreendido na previdência social será criada, majorada ou estendida, sem a correspondente fonte de custeio total.

§ 2º A parte da União no custeio dos encargos a que se refere o n. XVI deste artigo será atendida mediante dotação orçamentária, ou com o produto de contribuições de previdência arrecadadas, com caráter geral, na forma da lei.

**Art. 177.** Fica assegurada a vitaliciedade aos Professores catedráticos e titulares de Ofício de Justiça nomeados até a vigência desta Constituição, assim como a estabilidade de funcionários já amparados pela legislação anterior.

§ 1º O servidor que já tiver satisfeito, ou vier a satisfazer, dentro de um ano, as condições necessárias para a aposentadoria nos termos da legislação vigente na data desta Constituição, aposentar-se-á com os direitos e vantagens previstos nessa legislação.

**Art. 178.** Ao ex-combatente da Força Expedicionária Brasileira, da Força Aérea Brasileira, da Marinha de Guerra e Marinha Mercante do Brasil que tenha participado efetivamente de operações bélicas na Segunda Guerra Mundial são assegurados os seguintes direitos:

(...)

c) aposentadoria com proventos integrais aos vinte e cinco anos de serviço efetivo, se funcionário público da Administração centralizada ou autárquica;

d) aposentadoria com pensão integral aos vinte e cinco anos de serviço, se contribuinte da previdência social;

**EMENDA CONSTITUCIONAL N. 1 DE 1969**

**Art. 8º** Compete à União:

(...)

XVII — legislar sôbre:

c) normas gerais sôbre orçamento, despesa e gestão patrimonial e financeira de natureza pública; de direito financeiro; de seguro e previdência social; de defesa e proteção da saúde; de regime penitenciário; (Redação original)

c) normas gerais sobre orçamento, despesa e gestão patrimonial e financeira de natureza pública; taxa judiciária, custas e emolumentos remuneratórios dos serviços forenses, de registro públicos e notariais; de direito financeiro; de seguro e previdência social; de defesa e proteção da saúde; de regime penitenciário; <"http://www.planalto.gov.br/ccivil_03/Constituicao/Emendas/Emc_anterior1988/emc07-77.htm" \l "art1">

**Art. 21.** Compete à União instituir impôsto sôbre:

(...)

§ 2º A União pode instituir:

I — contribuições, nos têrmos do item I dêste artigo, tendo em vista intervenção no domínio econômico e o interêsse da previdência social ou de categorias profissionais; e (Redação original)

I — contribuições, observada a faculdade prevista no item I deste artigo, tendo em vista intervenção no domínio econômico ou o interesse de categorias profissionais e para atender diretamente a parte da União no custeio dos encargos da previdência social. <"http://www.planalto.gov.br/ccivil_03/Constituicao/Emendas/Emc_anterior1988/emc08-77.htm" \l "artu">

**Art. 57.** É da competência exclusiva do Presidente da República a iniciativa das leis que:

(...)

IV — disponham sôbre organização administrativa e judiciária, matéria tributária e orçamentária, serviços públicos e pessoal da administração do Distrito Federal, bem como sôbre organização judiciária, administrativa e matéria tributária dos Territórios;

V — disponham sôbre servidores públicos da União, seu regime jurídico, provimento de cargos públicos, estabilidade e aposentadoria de funcionários civis, reforma e transferência de militares para a inatividade;

**Art. 72.** O Tribunal de Contas da União, com sede no Distrito Federal e quadro próprio de pessoal, tem jurisdição em todo o País.

(...)

§ 8º O Tribunal de Contas da União julgará da legalidade das concessões iniciais de aposentadorias, reformas e pensões, não dependendo de sua decisão as melhorias posteriores. (Redação original)

§ 7º O Tribunal de Contas apreciará, para fins de registro, a legalidade das concessões iniciais de aposentadorias, reformas e pensões, independendo de sua apreciação as melhorias posteriores. <"http://www.planalto.gov.br/ccivil_03/Constituicao/Emendas/Emc_anterior1988/emc07-77.htm" \l "art1">

**Art. 99.** É vedada a acumulação remunerada de cargos e funções públicas, exceto:

(...)

§ 4º A proibição de acumular proventos não se aplica aos aposentados, quanto ao exercício de mandato eletivo, quanto ao de um cargo em comissão ou quanto a contrato para prestação de serviços técnicos ou especializados.

**Art. 101.** O funcionário será aposentado:

I — por invalidez;

II — compulsoriamente, aos setenta anos de idade; ou

III — voluntariamente, após trinta e cinco anos de serviço.

III — voluntariamente, após trinta e cinco anos de serviço, ressalvado o disposto no art. 165, item XX. <"http://www.planalto.gov.br/ccivil_03/Constituicao/Emendas/Emc_anterior1988/emc18-81.htm" \l "art1">

**Parágrafo único.** No caso do item III, o prazo é de trinta anos para as mulheres.

**Art. 102.** Os proventos da aposentadoria serão:

I — integrais, quando o funcionário:

a) contar trinta e cinco anos de serviço, se do sexo masculino, ou trinta anos de serviço, se do feminino; ou

b) se invalidar por acidente em serviço, por moléstia profissional ou doença grave, contagiosa ou incurável, especificada em lei.

II — proporcionais ao tempo de serviço, quando o funcionário contar menos de trinta e cinco anos de serviço, salvo o disposto no parágrafo único do artigo 101.

§ 1º Os proventos da inatividade serão revistos sempre que, por motivo de alteração do poder aquisitivo da moeda, se modificarem os vencimentos dos funcionários em atividade.

§ 2º Ressalvado o disposto no parágrafo anterior, em caso nenhum os proventos da inatividade poderão exceder a remuneração percebida na atividade.

§ 3º O tempo de serviço público federal, estadual ou municipal será computado integralmente para os efeitos de aposentadoria e disponibilidade, na forma da lei.

**Art. 103.** Lei complementar, de iniciativa exclusiva do Presidente da República, indicará quais as exceções às regras estabelecidas, quanto ao tempo e natureza de serviço, para aposentadoria, reforma, transferência para a inatividade e disponibilidade.

**Art. 113.** Salvo as restrições expressas nesta Constituição, os juízes gozarão das seguintes garantias:

(...)

§ 1º A aposentadoria será compulsória aos setenta anos de idade ou por invalidez comprovada, e facultativa após trinta anos de serviço público, em todos êsses casos com os vencimentos integrais. (Redação original)

§ 2º A aposentadoria será compulsória aos setenta anos de idade ou por invalidez comprovada e facultativa após trinta anos de serviço público em todos os casos com vencimentos integrais. <"http://www.planalto.gov.br/ccivil_03/Constituicao/Emendas/Emc_anterior1988/emc07-77.htm" \l "art1">

**Art. 120.** O Conselho Nacional da Magistratura, com sede na Capital da União e jurisdição em todo o território nacional, compõe-se de sete Ministros do Supremo Tribunal Federal, e por este escolhidos. <"http://www.planalto.gov.br/ccivil_03/Constituicao/Emendas/Emc_anterior1988/emc07-77.htm" \l "art1">

§ 1º Ao Conselho cabe conhecer de reclamações contra membros de Tribunais, sem prejuízo da competência disciplinar destes, podendo avocar processos disciplinares contra juízes de primeira instância e, em qualquer caso, determinar a disponibilidade ou a aposentadoria de uns e outros, com vencimentos proporcionais ao tempo de serviço, observado o disposto na Lei Orgânica da Magistratura Nacional. <"http://www.planalto.gov.br/ccivil_03/Constituicao/Emendas/Emc_anterior1988/emc07-77.htm" \l "art1">

**Art. 125.** Aos juízes federais compete processar e julgar, em primeira instância:

(...)

**§ 3º** Processar-se-ão e julgar-se-ão na justiça estadual, no fôro do domicílio dos segurados ou beneficiários as causas em que fôr parte instituição de previdência social e cujo objeto fôr benefício de natureza pecuniária, sempre que a comarca não seja sede de vara do juízo federal. O recurso, que no caso couber, deverá ser interposto para o Tribunal Federal de Recursos.

**Art. 165.** A Constituição assegura aos trabalhadores os seguintes direitos, além de outros que, nos têrmos da lei, visem à melhoria de sua condição social:

(...)

XVI — previdência social nos casos de doença, velhice, invalidez e morte, seguro-desemprêgo, seguro contra acidentes do trabalho e proteção da maternidade, mediante contribuição da União, do empregador e do empregado;

(...)

XIX — aposentadoria para a mulher, aos trinta anos de trabalho, com salário integral;

(...)

XX — a aposentadoria para o professor após 30 anos e, para a professora, após 25 anos de efetivo exercício em funções de magistério, com salário integral. <"http://www.planalto.gov.br/ccivil_03/Constituicao/Emendas/Emc_anterior1988/emc18-81.htm" \l "art2">

(...)

**Parágrafo único.** Nenhuma prestação de serviço de assistência ou de benefício compreendidos na previdência social será criada, majorada ou estendida, sem a correspondente fonte de custeio total.

**Art. 197.** Ao civil, ex-combatente da Segunda Guerra Mundial, que tenha participado efetivamente em operações bélicas da Força Expedicionária Brasileira, da Marinha, da Fôrça Aérea Brasileira, da Marinha Mercante ou de Fôrça do Exército, são assegurados os seguintes direitos:

(...)

c) aposentadoria com proventos integrais aos vinte e cinco anos de serviço efetivo, se funcionário público da administração direta ou indireta ou contribuinte da Previdência Social; e

(...)

## ANEXO C

# A PREVIDÊNCIA SOCIAL NAS CONSTITUIÇÕES AO REDOR DO MUNDO[23]

## AMÉRICA LATINA

**ARGENTINA**

**CONSTITUCIÓN NACIONAL DE LA REPÚBLICA ARGENTINA**

Convención Nacional Constituyente, ciudad de Santa Fe, 22 de agosto de 1994

**Artículo 14. bis.** El trabajo en sus diversas formas gozará de la protección de las leyes, las que asegurarán al trabajador: condiciones dignas y equitativas de labor; jornada limitada; descanso y vacaciones pagados; retribución justa; salario mínimo vital móvil; igual remuneración por igual tarea; participación en las ganancias de las empresas, con control de la producción y colaboración en la dirección; protección contra el despido arbitrario; estabilidad del empleado público; organización sindical libre y democrática, reconocida por la simple inscripción en un registro especial.

Queda garantizado a los gremios: concertar convenios colectivos de trabajo; recurrir a la conciliación y al arbitraje; el derecho de huelga. Los representantes gremiales gozarán de las garantías necesarias para el cumplimiento de su gestión sindical y las relacionadas con la estabilidad de su empleo.

El Estado otorgará los beneficios de la seguridad social, que tendrá carácter de integral e irrenunciable. En especial, la ley establecerá: el seguro social obligatorio, que estará a cargo de entidades nacionales o provinciales con autonomía financiera y económica, administradas por los interesados con participación del Estado, sin que pueda existir superposición de aportes; jubilaciones y pensiones móviles; la protección integral de la familia; la defensa del bien de familia; la compensación económica familiar y el acceso a una vivienda digna.

---

(22) Os textos das Constituições, constantes deste Anexo, foram obtidos mediante consulta *on-line* pela *Internet*, em especial nos endereços eletrônicos <"http://pdba.georgetown.edu/"> (Political Database of the Americas — Base de Dados Políticos para as Américas) e <"http://wikipedia.org"> (Wikipedia — The Free Encyclopedia — Wikipedia — A Enciclopédia Livre). Textos vigentes no final de 2007.

## BOLÍVIA

## CONSTITUCIÓN POLÍTICA DE LA REPÚBLICA DE BOLIVIA

**Texto Acordado en 1995 y Reformas del 2002 y 2004**

### Artículo 7º Derechos Fundamentales

Toda persona tiene los siguientes derechos fundamentales, conforme a las leyes que reglamenten su ejercicio:

k) A la seguridad social, en la forma determinada por esta Constitución y las leyes.

### Artículo 8º Deberes Fundamentales

Toda persona tiene los siguientes deberes fundamentales:

g) De cooperar con los órganos del Estado y la comunidad en el servicio y la seguridad sociales;

### Artículo 158º Seguridad social

I. El Estado tiene la obligación de defender el capital humano protegiendo la salud de la población; asegurará la continuidad de sus medios de subsistencia y rehabilitación de las personas inutilizadas; propenderá asimismo al mejoramiento de las condiciones de vida del grupo familiar.

II. Los regímenes de seguridad social se inspirarán en los principios de universalidad, solidaridad, unidad de gestión, economía, oportunidad y eficacia, cubriendo las contingencias de enfermedad, maternidad, riesgos profesionales, invalidez, vejez, muerte, paro forzoso, asignaciones familiares y vivienda de interés social.

### Artículo 164º La asistencia social es función del Estado

El servicio y la asistencia sociales son funciones del Estado, y sus condiciones serán determinadas por ley. Las normas relativas a la salud pública son de carácter coercitivo y obligatorio.

### Artículo 198º Bienes del patrimonio familiar

La ley determinará los bienes que formen el patrimonio familiar inalienable e inembargable, así como las asignaciones familiares, de acuerdo al régimen de seguridad social.

## CHILE

## CONSTITUCIÓN POLÍTICA DE LA REPÚBLICA DE CHILE DE 1980

**Incluye Reformas de 1989, 1991, 1997, 1999, 2000, 2003 y 2005.**

**Artículo 19.** La Constitución asegura a todas las personas:

N. 18. El derecho a la seguridad social.

Las leyes que regulen el ejercicio de este derecho serán de quórum calificado.

La acción del Estado estará dirigida a garantizar el acceso de todos los habitantes al goce de prestaciones básicas uniformes, sea que se otorguen a través de instituciones públicas o privadas. La ley podrá establecer cotizaciones obligatorias. El Estado supervigilará el adecuado ejercicio del derecho a la seguridad social;

## COLOMBIA

### CONSTITUCIÓN POLÍTICA DE COLOMBIA, 1991 CON REFORMA DE 1997

**Art. 48.** La Seguridad Social es un servicio público de carácter obligatorio que se prestará bajo la dirección, coordinación y control del Estado, en sujeción a los principios de eficiencia, universalidad y solidaridad, en los términos que establezca la ley.

Se garantiza a todos los habitantes el derecho irrenunciable a la Seguridad Social.

El Estado, con la participación de los particulares, ampliará progresivamente la cobertura de la Seguridad Social que comprenderá la prestación de los servicios en la forma que determine la ley.

La Seguridad Social podrá ser prestada por entidades públicas o privadas de conformidad con la ley.

No se podrán destinar ni utilizar los recursos de las instituciones de la Seguridad Social para fines diferentes a ella.

La ley definirá los medios para que los recursos destinados a pensiones mantengan su poder adquisitivo constante.

## COSTA RICA

### CONSTITUCIÓN POLÍTICA DE 7 DE NOVIEMBRE DE 1949 Y SUS REFORMAS

**La presente versión de la Constitución Política de Costa Rica, incorpora las 44 reformas parciales introducidas por la Asamblea Legislativa hasta el 10 de julio de 1998.**

**Artículo 72.** El Estado mantendrá, mientras no exista seguro de desocupación, un sistema técnico y permanente de protección a los desocupados involuntarios, y procurará la reintegración de los mismos al trabajo.

**Artículo 73.** Se establecen los seguros sociales en beneficio de los trabajadores manuales e intelectuales, regulados por el sistema de contribución forzosa del Estado, patronos y trabajadores, a fin de proteger a éstos contra los riesgos de enfermedad, invalidez, maternidad, vejez, muerte y demás contingencias que la ley determine.

La administración y el gobierno de los seguros sociales estarán a cargo de una institución autónoma, denominada Caja Costarricense de Seguro Social.

No podrán ser transferidos ni empleados en finalidades distintas a las que motivaron su creación, los fondos y las reservas de los seguros sociales.

Los seguros contra riesgos profesionales serán de exclusiva cuenta de los patronos y se regirán por disposiciones especiales.

## CUBA

### CONSTITUCIÓN DE 1976, CON LAS REFORMAS DE 1992

**Artículo 47.** Mediante el sistema de seguridad social, el Estado garantiza la protección adecuada a otro trabajador impedido por su edad, invalidez o enfermedad.

En caso de muerte del trabajador garantiza similar protección a su familia.

**Artículo 48.** El Estado protege, mediante la asistencia social, a los ancianos sin recursos ni amparo y a cualquier personal no apta para trabajar que carezca de familiares en condiciones de prestarle ayuda.

**Artículo 49.** El Estado garantiza el derecho a la protección, seguridad e higiene del trabajo, mediante la adopción de medidas adecuadas para la prevención de accidentes y enfermedades profesionales.

El que sufre un accidente en el trabajo o contrae una enfermedad profesional tiene derecho a la atención medica y a subsidio o jubilación en los casos de incapacidad temporal o permanente para el trabajo.

## EQUADOR
### CONSTITUCIÓN POLÍTICA DE ECUADOR, 1998

**Art. 55.** La seguridad social será deber del Estado y derecho irrenunciable de todos sus habitantes. Se prestará con la participación de los sectores público y privado, de conformidad con la ley.

**Art. 56.** Se establece el sistema nacional de seguridad social. La seguridad social se regirá por los principios de solidaridad, obligatoriedad, universalidad, equidad, eficiencia, subsidiaridad y suficiencia, para la atención de las necesidades individuales y colectivas, en procura del bien común.

**Art. 57.** El seguro general obligatorio cubrirá las contingencias de enfermedad, maternidad, riesgos del trabajo, cesantía, vejez, invalidez, discapacidad y muerte.

La protección del seguro general obligatorio se extenderá progresivamente a toda la población urbana y rural, con relación de dependencia laboral o sin ella, conforme lo permitan las condiciones generales del sistema.

El seguro general obligatorio será derecho irrenunciable e imprescriptible de los trabajadores y sus familias.

**Art. 58.** La prestación del seguro general obligatorio será responsabilidad del Instituto Ecuatoriano de Seguridad Social, entidad autónoma dirigida por un organismo técnico administrativo, integrado tripartita y paritariamente por representantes de asegurados, empleadores y Estado, quienes serán designados de acuerdo con la ley.

Su organización y gestión se regirán por los criterios de eficiencia, descentralización y desconcentración, y sus prestaciones serán oportunas, suficientes y de calidad.

Podrá crear y promover la formación de instituciones administradoras de recursos para fortalecer el sistema previsional y mejorar la atención de la salud de los afiliados y sus familias.

La fuerza pública podrá tener entidades de seguridad social.

**Art. 59.** Los aportes y contribuciones del Estado para el seguro general obligatorio deberán constar anualmente en el presupuesto general del Estado, y serán transferidos oportuna y obligatoriamente a través del Banco Central del Ecuador.

Las prestaciones del seguro social en dinero no serán susceptibles de cesión, embargo o retención, salvo los casos de alimentos debidos por ley o de obligaciones contraídas a favor de la institución aseguradora y estarán exentas del pago de impuestos.

No podrá crearse ninguna prestación ni mejorar las existentes a cargo del seguro general obligatorio, si no se encontraren debidamente financiadas, según estudios actuariales.

Los fondos y reservas del seguro social serán propios y distintos de los del Estado, y servirán para cumplir adecuadamente los fines de su creación y funciones. Ninguna institución del Estado podrá intervenir en sus fondos y reservas ni afectar su patrimonio.

Las inversiones del Instituto Ecuatoriano de Seguridad Social con recursos provenientes del seguro general obligatorio, serán realizadas a través del mercado financiero, con sujeción a los principios de eficiencia, seguridad y rentabilidad, y se harán por medio de una comisión técnica nombrada por el organismo técnico administrativo del Instituto Ecuatoriano de Seguridad Social. La idoneidad de sus miembros será aprobada por la superintendencia bajo cuya responsabilidad esté la supervisión de las actividades de seguros, que también regulará y controlará la calidad de esas inversiones.

Las pensiones por jubilación deberán ajustarse anualmente, según las disponibilidades del fondo respectivo, el cual se capitalizará para garantizar una pensión acorde con las necesidades básicas de sustentación y costo de vida.

**Art. 60.** El seguro social campesino será un régimen especial del seguro general obligatorio para proteger a la población rural y al pescador artesanal del país. Se financiará con el aporte solidario de los asegurados y empleadores del sistema nacional de seguridad social, la aportación diferenciada de las familias protegidas y las asignaciones fiscales que garanticen su fortalecimiento y desarrollo. Ofrecerá prestaciones de salud, y protección contra las contingencias de invalidez, discapacidad, vejez y muerte.

Los seguros públicos y privados que forman parte del sistema nacional de seguridad social, contribuirán obligatoriamente al financiamiento del seguro social campesino a través del Instituto Ecuatoriano de Seguridad Social, conforme lo determine la ley.

**Art. 61.** Los seguros complementarios estarán orientados a proteger contingencias de seguridad social no cubiertas por el seguro general obligatorio o a mejorar sus prestaciones, y serán de carácter opcional. Se financiarán con el aporte de los asegurados, y los empleadores podrán efectuar aportes voluntarios. Serán administrados por entidades públicas, privadas o mixtas, reguladas por la ley.

**DISPOSICIONES TRANSITORIAS**

**De la seguridad social**

**Segunda.—** El Instituto Ecuatoriano de Seguridad Social, de manera inmediata y urgente, iniciará un profundo proceso de transformación para racionalizar su estructura, modernizar su gestión, aplicar la descentralización y desconcentración, recuperar su equilibrio financiero, optimizar la recaudación y el cobro de la cartera vencida; complementar la capacidad instalada en salud para la cobertura universal, superar los problemas de organización, de gestión, de financiamiento y de cobertura, para que cumpla con los principios de la seguridad social y entregue prestaciones y servicios de calidad, en forma oportuna y eficiente.

Para el efecto, intervendrá al Instituto Ecuatoriano de Seguridad Social, una comisión integrada en forma tripartita por un representante de los asegurados, uno de los empleadores y uno de la Función Ejecutiva, designados todos hasta el 31 de agosto de 1998 por el Presidente de la República que se posesionará el mismo año. El consejo superior cesará inmediatamente en sus funciones, que asumirá la comisión interventora, la que nombrará de fuera de su seno al director y al presidente de la comisión de apelaciones; dispondrá la realización de los correspondientes estudios actuariales y, por medio de compañías auditoras independientes de prestigio internacional, la actualización de los balances y estados financieros, y la auditoría económica y administrativa del Instituto Ecuatoriano de Seguridad Social.

En el plazo de seis meses contados a partir de su integración, la comisión interventora presentará a la Comisión de Legislación y Codificación del Congreso Nacional, un proyecto de reforma a la ley de seguridad social y otras leyes para la modernización y reorganización del Instituto Ecuatoriano de Seguridad Social. Entregará al Presidente de la República un plan integral de reforma del mismo Instituto e iniciará su ejecución inmediatamente.

La comisión interventora, dentro de los proyectos de ley que presentará al Congreso Nacional y luego de efectuar los estudios pertinentes, recomendará la remuneración sobre la cual se calcularán los aportes al seguro general obligatorio y sus porcentajes, y presentará también una propuesta para la reforma o supresión de las jubilaciones especiales.

La comisión interventora cesará en sus funciones en el momento en que, de conformidad con la ley, se posesionen los nuevos directivos, quienes continuarán el proceso de reestructuración del Instituto Ecuatoriano de Seguridad Social.

Los proyectos presentados por la comisión interventora al Congreso Nacional tendrán el trámite especial establecido a través de la Comisión de Legislación y Codificación.

**Tercera**.— El gobierno nacional cancelará la deuda que mantiene con el Instituto Ecuatoriano de Seguridad Social, por el financiamiento del cuarenta por ciento de las pensiones y por otras obligaciones, con sus respectivos intereses, en dividendos iguales pagaderos anual y sucesivamente, en el plazo de diez años a partir de 1999, siempre que se haya iniciado el proceso de su reestructuración. Estos dividendos deberán constar en el Presupuesto General del Estado y no podrán destinarse a gastos corrientes ni operativos.

El cuarenta por ciento adeudado por el financiamiento de las pensiones se destinará al fondo de pensiones, y lo adeudado por otras obligaciones financiará las prestaciones a que corresponda.

**Cuarta**.— Los fondos de las aportaciones realizadas para las distintas prestaciones se mantendrán en forma separada y no se utilizarán en prestaciones diferentes de aquellas para los que fueron creados. Uno de estos fondos lo constituirá el del seguro social campesino.

Los fondos de invalidez, vejez, muerte, riesgos del trabajo y cesantía se administrarán y mantendrán separadamente del patrimonio del Instituto de Seguridad Social.

**Quinta**.— El personal que, a consecuencia de la transformación y racionalización del Instituto Ecuatoriano de Seguridad Social quede cesante, tendrá derecho a las indemnizaciones que, por la terminación de la relación, estén vigentes en la ley y contratos, a la fecha en que dejen de prestar sus servicios.

## MÉXICO
## CONSTITUCIÓN POLÍTICA DE LOS ESTADOS UNIDOS MEXICANOS

Constitución publicada en el Diario Oficial de la Federación el 5 de febrero de 1917

**TEXTO VIGENTE**

Últimas reformas publicadas DOF 20-07-2007

**Artículo 123.** Toda persona tiene derecho al trabajo digno y socialmente útil; al efecto, se promoverán la creación de empleos y la organización social para el trabajo, conforme a la Ley.

El Congreso de la Unión, sin contravenir a las bases siguientes deberá expedir leyes sobre el trabajo, las cuales regirán:

**A.** Entre los obreros, jornaleros, empleados domésticos, artesanos y de una manera general, todo contrato de trabajo:

XXIX. Es de utilidad pública la Ley del Seguro Social, y ella comprenderá seguros de invalidez, de vejez, de vida, de cesación involuntaria del trabajo, de enfermedades y accidentes, de servicios de guardería y cualquier otro encaminado a la protección y bienestar de los trabajadores, campesinos, no asalariados y otros sectores sociales y sus familiares.

**B.** Entre los Poderes de la Unión, el Gobierno del Distrito Federal y sus trabajadores:

XI. La seguridad social se organizará conforme a las siguientes bases mínimas:

a) Cubrirá los accidentes y enfermedades profesionales; las enfermedades no profesionales y maternidad; y la jubilación, la invalidez, vejez y muerte.

b) En caso de accidente o enfermedad, se conservará el derecho al trabajo por el tiempo que determine la ley.

c) Las mujeres durante el embarazo no realizarán trabajos que exijan un esfuerzo considerable y signifiquen un peligro para su salud en relación con la gestación; gozarán forzosamente de un mes de descanso antes de la fecha fijada aproximadamente para el parto y de otros dos después del mismo, debiendo percibir su salario íntegro y conservar su empleo y los derechos que hubieran adquirido por la relación de trabajo. En el periodo de lactancia tendrán dos descansos extraordinarios por día, de media hora cada uno, para alimentar a sus hijos. Además, disfrutarán de asistencia médica y obstétrica, de medicinas, de ayudas para la lactancia y del servicio de guarderías infantiles.

d) Los familiares de los trabajadores tendrán derecho a asistencia médica y medicinas, en los casos y en la proporción que determine la ley.

e) Se establecerán centros para vacaciones y para recuperación, así como tiendas económicas para beneficio de los trabajadores y sus familiares.

f) Se proporcionarán a los trabajadores habitaciones baratas, en arrendamiento o venta, conforme a los programas previamente aprobados. Además, el Estado mediante las aportaciones que haga, establecerá un fondo nacional de la vivienda a fin de constituir depósitos en favor de dichos trabajadores y establecer un sistema de financiamiento que permita otorgar a éstos crédito barato y suficiente para que adquieran en propiedad habitaciones cómodas e higiénicas, o bien para construirlas, repararlas, mejorarlas o pagar pasivos adquiridos por estos conceptos.

Las aportaciones que se hagan a dicho fondo serán enteradas al organismo encargado de la seguridad social regulándose en su Ley y en las que corresponda, la forma y el procedimiento conforme a los cuales se administrará el citado fondo y se otorgarán y adjudicarán los créditos respectivos.

## PARAGUAI
## CONSTITUCIÓN DE LA REPÚBLICA DE PARAGUAY, 1992
### Artículo 95. DE LA SEGURIDAD SOCIAL

El sistema obligatorio e integral de seguridad social para el trabajador dependiente y su familia será establecido por la ley. Se promoverá su extensión a todos los sectores de la población.

Los servicios del sistema de seguridad social podrán ser públicos, privados o mixtos, y en todos los casos estarán supervisados por el Estado.

Los recursos financieros de los seguros sociales no serán desviados de sus fines específicos y; estarán disponibles para este objetivo, sin perjuicio de las inversiones lucrativas que puedan acrecentar su patrimonio.

### Artículo 103. DEL RÉGIMEN DE JUBILACIONES

Dentro del sistema nacional de seguridad social, la ley regulará el régimen de jubilaciones de los funcionarios y los empleados públicos, atendiendo a que los organismos autárquicos creados con ese propósito acuerden a los aportantes y jubilados la administración de dichos entes bajo control estatal. Participarán del mismo régimen todos los que, bajo cualquier título, presten servicios al Estado.

La ley garantizará la actualización de los haberes jubilatorios en igualdad de tratamiento dispensado al funcionario público en actividad.

## PERU
## CONSTITUCIÓN POLÍTICA DEL PERÚ, 1993

**Artículo 10º** El Estado reconoce el derecho universal y progresivo de toda persona a la seguridad social, para su protección frente a las contingencias que precise la ley y para la elevación de su calidad de vida.

**Artículo 11º** El Estado garantiza el libre acceso a prestaciones de salud y a pensiones, a través de entidades políticas, privadas o mixtas. Supervisa así mismo su eficaz funcionamiento.

**Artículo 12º** Los fondos y las reservas de la seguridad social son intangibles. Los recursos se aplican en la forma y bajo la responsabilidad que señala la ley.

## URUGUAI
## CONSTITUCIÓN POLÍTICA DE LA REPÚBLICA ORIENTAL DEL URUGUAY DE 1967

**Incluye reformas plebiscitadas el 26 de Noviembre de 1989; 26 de Noviembre de 1994; 8 de Diciembre de 1996 y 31 de Octubre de 2004.**

**Actualizada hasta la reforma del 31 de Octubre de 2004.**

**Artículo 46.** El Estado dará asilo a los indigentes o carentes de recursos suficientes que, por su inferioridad física o mental de carácter crónico, estén inhabilitados para el trabajo.

**Artículo 67.** Las jubilaciones generales y seguros sociales se organizarán en forma de garantizar a todos los trabajadores, patronos, empleados y obreros, retiros adecuados y subsidios para los casos de accidentes, enfermedad, invalidez, desocupación forzosa, etc.; y a sus familias, en caso de muerte, la pensión correspondiente. La pensión a la vejez constituye un derecho para el que llegue al límite de la edad productiva, después de larga permanencia en el país y carezca de recursos para subvenir a sus necesidades vitales.

Los ajustes de las asignaciones de jubilación y pensión no podrán ser inferiores a la variación del Indice Medio de Salarios, y se efectuarán en las mismas oportunidades en que se establezcan ajustes o aumentos en las remuneraciones de los funcionarios de la Administración Central.

Las prestaciones previstas en el inciso anterior se financiarán sobre la base de:

**A)** Contribuciones obreras y patronales y demás tributos establecidos por ley. Dichos recursos no podrán ser afectados a fines ajenos a los precedentemente mencionados, y

**B)** La asistencia financiera que deberá proporcionar el Estado, si fuera necesario.

## VENEZUELA
## CONSTITUCIÓN DE LA REPÚBLICA BOLIVARIANA DE VENEZUELA

**(Publicada en Gaceta Oficial del jueves 30 de diciembre de 1999, Número 36.860)**

**Artículo 80.** El Estado garantizará a los ancianos y ancianas el pleno ejercicio de sus derechos y garantías. El Estado, con la participación solidaria de las familias y la sociedad, está obligado a respetar su dignidad humana, su autonomía y les garantizará atención integral y los beneficios de la seguridad social que eleven y aseguren su calidad de vida. Las pensiones y jubilaciones otorgadas mediante el sistema de seguridad social no podrán ser inferiores al salario mínimo urbano. A los ancianos y ancianas se les garantizará el derecho a un trabajo acorde a aquellos y aquellas que manifiesten su deseo y estén en capacidad para ello.

**Artículo 86.** Toda persona tiene derecho a la seguridad social como servicio público de carácter no lucrativo, que garantice la salud y asegure protección en contingencias de maternidad, paternidad, enfermedad, invalidez, enfermedades catastróficas, discapacidad, necesidades especiales, riesgos laborales, pérdida de empleo, desempleo, vejez, viudedad, orfandad, vivienda, cargas derivadas de la vida familiar y cualquier otra circunstancia de previsión social. El Estado tiene la obligación de asegurar la efectividad de este derecho, creando un sistema de seguridad social universal, integral, de financiamiento solidario, unitario, eficiente y participativo, de contribuciones directas o indirectas. La ausencia de capacidad contributiva no será motivo para excluir a las personas de su protección. Los recursos financieros de la seguridad social no podrán ser destinados a otros fines. Las cotizaciones obligatorias que realicen los trabajadores y las trabajadoras para cubrir los servicios médicos y asistenciales y demás beneficios de la seguridad social podrán ser administrados sólo con fines sociales bajo la rectoría del Estado. Los remanentes netos del capital destinado a la salud, la educación y la seguridad social se acumularán a los fines de su distribución y contribución en esos servicios. El sistema de seguridad social será regulado por una ley orgánica especial.

**Artículo 88.** El Estado garantizará la igualdad y equidad de hombres y mujeres en el ejercicio del derecho al trabajo. El Estado reconocerá el trabajo del hogar como actividad económica que crea valor agregado y produce riqueza y bienestar social. Las amas de casa tienen derecho a la seguridad social de conformidad con la ley.

## AMÉRICA ANGLO-SAXÔNICA

### CANADÁ

**THE CONSTITUTION ACT, 1867**

(Constitution Acts 1867 to 1982)

**94A** OLD AGE PENSIONS

The Parliament of Canada may make laws in relation to old age pensions and supplementary benefits, including survivors' and disability benefits irrespective of age, but no such law shall affect the operation of any law present or future of a provincial legislature in relation to any such matter.

### ESTADOS UNIDOS DA AMÉRICA

O direito à previdência social não possui previsão constitucional.

## EUROPA

### ALEMANHA

**BASIC LAW FOR THE FEDERAL REPUBLIC OF GERMANY — 23 May 1949**

Text edition (December 2000)

**Article 74** [Subjects of concurrent legislation]

(1) Concurrent legislative powers shall extend to the following subjects:

12. labor law, including the organization of enterprises, occupational safety and health, and employment agencies, as well as social security, including unemployment insurance;

**Article 74-a** [Concurrent legislative power of the Federation: remuneration, pensions, and related benefits of members of the public service]

(1) Concurrent legislative power shall also extend to the remuneration, pensions, and related benefits of members of the public service who stand in a relationship of service and loyalty defined by public law, insofar as the Federation does not have exclusive legislative power pursuant to clause 8 of Article 73.

(2) Federal laws enacted pursuant to paragraph (1) of this Article shall require the consent of the Bundesrat.

(3) Federal laws enacted pursuant to clause 8 of Article 73 shall likewise require the consent of the Bundesrat, insofar as they contemplate standards for the structure or computation of remuneration, pensions, and related benefits including the classifica-

tion of positions, or minimum or maximum rates, that differ from those provided for in federal laws enacted pursuant to paragraph (1) of this Article.

(4) Paragraphs (1) and (2) of this Article shall apply *mutatis mutandis* to the remuneration, pensions, and related benefits of judges of the Länder.

Paragraph (3) of this Article shall apply mutatis mutandis to laws enacted pursuant to paragraph (1) of Article 98.

**Article 87** [Subjects of direct federal administration]

(2) Social insurance institutions whose jurisdiction extends beyond the territory of a single Land shall be administered as federal corporations under public law. Social insurance institutions whose jurisdiction extends beyond the territory of a single Land but not beyond that of three Länder shall, notwithstanding the first sentence of this paragraph, be administered as Land corporations under public law, if the Länder concerned have specified which Land shall exercise supervisory authority.

## ÁUSTRIA

**AUSTRIA — CONSTITUTION — 1925**

**Article 10. Federal Legislation and Execution**

The Federation has powers of legislation and execution in the following matters:

(…)

11. labor legislation in so far as it does not fall under Article 12; social and contractual insurance; chambers for workers and salaried employees with the exception of those relating to agriculture and forestry;

## BÉLGICA

**THE BELGIAN CONSTITUTION — 1831 (RETRIEVED AT 2007)**

**Art. 23.**

Everyone has the right to lead a life in conformity with human dignity. To this end, the laws, decrees and rulings alluded to in Article 134 guarantee, taking into account corresponding obligations, economic, social and cultural rights, and determine the conditions for exercising them.

These rights include notably:

1º the right to employment and to the free choice of a professional activity in the framework of a general employment policy, aimed among others at ensuring a level of employment that is as stable and high as possible, the right to fair terms of employment and to fair remuneration, as well as the right to information, consultation and collective negotiation;

2º the right to social security, to health care and to social, medical and legal aid;

3º the right to have decent accommodation;

4º the right to enjoy the protection of a healthy environment;

5º the right to enjoy cultural and social fulfillment.

## ESPANHA

## CONSTITUCIÓN ESPAÑOLA

**Aprobada por las Cortes en Sesiones Plenarias del Congreso de los Diputados y del Senado celebradas el 31 de Octubre de 1978.**

**Ratificada por el Pueblo Español en Referendum de 6 de Diciembre de 1978.**

**Sancionada por S.M. el Rey ante las Cortes el 27 de Diciembre de 1978.**

### Artículo 10

1. La diginidad de la persona, los derechos inviolables que le son inherentes, el libre desarrollo de la personalidad, el respeto a la ley y a los derechos de los demás son fundamento del orden político y de la paz social.

### Artículo 41

Los poderes públicos mantendrán un régimen público de Seguridad Social para todos los ciudadanos, que garantice la asistencia y prestaciones sociales suficientes ante situaciones de necesidad, especialmente en caso de desempleo. La asistencia y prestaciones complementarias serán libres.

## FINLÂNDIA

### THE CONSTITUTION OF FINLAND — 1999

*Section 19 — The right to social security*

Those who cannot obtain the means necessary for a life of dignity have the right to receive indispensable subsistence and care.

Everyone shall be guaranteed by an Act the right to basic subsistence in the event of unemployment, illness, and disability and during old age as well as at the birth of a child or the loss of a provider.

The public authorities shall guarantee for everyone, as provided in more detail by an Act, adequate social, health and medical services and promote the health of the population. Moreover, the public authorities shall support families and others responsible for providing for children so that they have the ability to ensure the wellbeing and personal development of the children.

The public authorities shall promote the right of everyone to housing and the opportunity to arrange their own housing.

## FRANÇA

### CONSEIL CONSTITUTIONNEL

### CONSTITUTION DU 4 OCTOBRE 1958

### Article 34:

La loi est votée par le Parlement.

La loi détermine les principes fondamentaux :

(...)

du droit du travail, du droit syndical et de la sécurité sociale.

(...)

Les lois de financement de la sécurité sociale déterminent les conditions générales de son équilibre financier et, compte tenu de leurs prévisions de recettes, fixent ses objectifs de dépenses, dans les conditions et sous les réserves prévues par une loi organique.

**Article 39:**

L'initiative des lois appartient concurremment au Premier Ministre et aux membres du Parlement.

Les projets de loi sont délibérés en Conseil des Ministres après avis du Conseil d'Etat et déposés sur le bureau de l'une des deux assemblées. Les projets de loi de finances et de loi de financement de la sécurité sociale sont soumis en premier lieu à l'Assemblée nationale. Sans préjudice du premier alinéa de l'article 44, les projets de loi ayant pour principal objet l'organisation des collectivités territoriales et les projets de loi relatifs aux instances représentatives des Français établis hors de France sont soumis en premier lieu au Sénat.

**Article 47-1:**

Le Parlement vote les projets de loi de financement de la sécurité sociale dans les conditions prévues par une loi organique.

(...)

La Cour des comptes assiste le Parlement et le Gouvernement dans le contrôle de l'application des lois de financement de la sécurité sociale.

## GRÉCIA

**THE GREEK CONSTITUTION — 1975**

**Article 22. Work, Social Security**

The State shall provide for the social security of the workers, as the law provides.

## ITÁLIA

**COSTITUZIONE DELLA REPUBBLICA ITALIANA — 1947**

**Art. 38.**

Ogni cittadino inabile al lavoro e sprovvisto dei mezzi necessari per vivere ha diritto al mantenimento e all'assistenza sociale.

I lavoratori hanno diritto che siano preveduti ed assicurati mezzi adeguati alle loro esigenze di vita in caso di infortunio, malattia, invalidità e vecchiaia, disoccupazione involontaria.

Gli inabili ed i minorati hanno diritto all'educazione e all'avviamento professionale.

Ai compiti previsti in questo articolo provvedono organi ed istituti predisposti o integrati dallo Stato.

L'assistenza privata è libera.

## PORTUGAL

**CONSTITUIÇÃO DA REPÚBLICA PORTUGUESA — 1976**

**VII REVISÃO CONSTITUCIONAL [2005]**

**Princípios fundamentais**

**Artigo 1º (República Portuguesa)**

Portugal é uma República soberana, baseada na dignidade da pessoa humana e na vontade popular e empenhada na construção de uma sociedade livre, justa e solidária.

**Artigo 2º (Estado de direito democrático)**

A República Portuguesa é um Estado de direito democrático, baseado na soberania popular, no pluralismo de expressão e organização política democráticas, no respeito e na garantia de efectivação dos direitos e liberdades fundamentais e na separação e interdependência de poderes, visando a realização da democracia económica, social e cultural e o aprofundamento da democracia participativa.

**Artigo 9º (Tarefas fundamentais do Estado)**

São tarefas fundamentais do Estado:

(...)

**d)** Promover o bem-estar e a qualidade de vida do povo e a igualdade real entre os portugueses, bem como a efectivação dos direitos económicos, sociais, culturais e ambientais, mediante a transformação e modernização das estruturas económicas e sociais;

**Artigo 13º (Princípio da igualdade)**

**1.** Todos os cidadãos têm a mesma dignidade social e são iguais perante a lei.

**Artigo 59º (Direitos dos trabalhadores)**

**1.** Todos os trabalhadores, sem distinção de idade, sexo, raça, cidadania, território de origem, religião, convicções políticas ou ideológicas, têm direito:

(...)

**f)** A assistência e justa reparação, quando vítimas de acidente de trabalho ou de doença profissional.

**Artigo 63º (Segurança social e solidariedade)**

**1.** Todos têm direito à segurança social.

**2.** Incumbe ao Estado organizar, coordenar e subsidiar um sistema de segurança social unificado e descentralizado, com a participação das associações sindicais, de outras organizações representativas dos trabalhadores e de associações representativas dos demais beneficiários.

**3.** O sistema de segurança social protege os cidadãos na doença, velhice, invalidez, viuvez e orfandade, bem como no desemprego e em todas as outras situações de falta ou diminuição de meios de subsistência ou de capacidade para o trabalho.

**4.** Todo o tempo de trabalho contribui, nos termos da lei, para o cálculo das pensões de velhice e invalidez, independentemente do sector de actividade em que tiver sido prestado.

**5.** O Estado apoia e fiscaliza, nos termos da lei, a actividade e o funcionamento das instituições particulares de solidariedade social e de outras de reconhecido interesse público sem carácter lucrativo, com vista à prossecução de objectivos de solidariedade social consignados, nomeadamente, neste artigo, na alínea b) do nº 2 do artigo 67º, no artigo 69º, na alínea e) do n. 1 do artigo 70º e nos artigos 71º e 72º.

## RÚSSIA

**THE CONSTITUTION OF THE RUSSIAN FEDERATION — 1993**

**Article 39.**

1. Everyone shall be guaranteed social security in old age, in case of disease, invalidity, loss of breadwinner, to bring up children and in other cases established by law.

2. State pensions and social benefits shall be established by laws.

3. Voluntary social insurance, development of additional forms of social security and charity shall be encouraged.

## SUÉCIA

### FUNDAMENTAL LAW — THE INSTRUMENT OF GOVERNMENT — 1974

**Art. 2.** Public power shall be exercised with respect for the equal worth of all and the liberty and dignity of the private person.

The personal, economic and cultural welfare of the private person shall be fundamental aims of public activity. In particular, it shall be incumbent upon the public institutions to secure the right to health, employment, housing and education, and to promote social care and social security.

The public institutions shall promote sustainable development leading to a good environment for present and future generations.

The public institutions shall promote the ideals of democracy as guidelines in all sectors of society and protect the private and family lives of private persons. The public institutions shall promote the opportunity for all to attain participation and equality in society. The public institutions shall combat discrimination of persons on grounds of gender, colour, national or ethnic origin, linguistic or religious affiliation, functional disability, sexual orientation, age or other circumstance affecting the private person.

Opportunities should be promoted for ethnic, linguistic and religious minorities to preserve and develop a cultural and social life of their own.

## SUÍÇA

### COSTITUZIONE FEDERALE DELLA CONFEDERAZIONE SVIZZERA DEL 18 APRILE 1999 (STATO 8 AGOSTO 2006)

**Art. 7. Dignità umana**

La dignità della persona va rispettata e protetta.

**Art. 12. Diritto all'aiuto in situazioni di bisogno**

Chi è nel bisogno e non è in grado di provvedere a sé stesso ha diritto d'essere aiutato e assistito e di ricevere i mezzi indispensabili per un'esistenza dignitosa.

**Art. 41. Obiettivi sociali**

[1] A complemento della responsabilità e dell'iniziativa private, la Confederazione e i Cantoni si adoperano affinché:

a. ognuno sia partecipe della sicurezza sociale;

b. ognuno fruisca delle cure necessarie alla sua salute;

c. la famiglia sia promossa e protetta quale comunità di adulti e bambini;

d. le persone abili al lavoro possano provvedere al proprio sostentamento con un lavoro a condizioni adeguate;

e. ognuno possa trovare, per sé stesso e per la sua famiglia, un'abitazione adeguata e a condizioni sopportabili;

f. i fanciulli e gli adolescenti nonché le persone in età lavorativa possano istruirsi e perfezionarsi secondo le loro capacità;

g. i fanciulli e gli adolescenti siano aiutati nel loro sviluppo, cosicché diventino persone indipendenti e socialmente responsabili, e sostenuti nella loro integrazione sociale, culturale e politica.

[2] La Confederazione e i Cantoni si adoperano affinché ognuno sia assicurato contro le conseguenze economiche della vecchiaia, dell'invalidità, della malattia, dell'infortunio, della disoccupazione, della maternità, dell'orfanità e della vedovanza.

[3] La Confederazione e i Cantoni perseguono gli obiettivi sociali nell'ambito delle loro competenze costituzionali e dei mezzi disponibili.

[4] Dagli obiettivi sociali non si possono desumere pretese volte a ottenere direttamente prestazioni dello Stato.

### Art. 111. Previdenza vecchiaia, superstiti e invalidità

[1] La Confederazione prende provvedimenti per una previdenza sufficiente in materia di vecchiaia, superstiti e invalidità. Questa previdenza poggia su tre pilastri, l'assicurazione federale vecchiaia, superstiti e invalidità, la previdenza professionale e la previdenza individuale.

[2] La Confederazione provvede affinché sia l'assicurazione federale vecchiaia, superstiti e invalidità sia la previdenza professionale possano adempiere durevolmente la loro funzione.

[3] Può obbligare i Cantoni a esentare dall'obbligo fiscale le istituzioni dell'assicurazione federale vecchiaia, superstiti e invalidità e della previdenza professionale nonché a concedere agli assicurati e ai loro datori di lavoro agevolazioni fiscali su contributi e aspettative.

[4] In collaborazione con i Cantoni, promuove la previdenza individuale, in particolare mediante provvedimenti di politica fiscale e di politica della proprietà.

### Art. 112. Assicurazione vecchiaia, superstiti e invalidità

[1] La Confederazione emana prescrizioni sull'assicurazione vecchiaia, superstiti e invalidità.

[2] In tale ambito si attiene ai principi seguenti:

a. l'assicurazione è obbligatoria;

b. le rendite devono coprire adeguatamente il fabbisogno vitale;

c. la rendita massima non può superare il doppio di quella minima;

d. le rendite vanno adattate almeno all'evoluzione dei prezzi.

[3] L'assicurazione è finanziata:

a. con i contributi degli assicurati; la metà dei contributi dei dipendenti è a carico del datore di lavoro;

b. con prestazioni finanziarie della Confederazione e, per quanto la legge lo preveda, dei Cantoni.

⁴ Le prestazioni della Confederazione e dei Cantoni assommano insieme a non oltre la metà delle spese.

⁵ Le prestazioni della Confederazione sono coperte anzitutto con il prodotto netto dell'imposta sul tabacco, dell'imposta sulle bevande distillate e della tassa sui casinò.

⁶ La Confederazione promuove l'integrazione degli invalidi e sostiene gli sforzi a favore degli anziani, dei superstiti e degli invalidi. A tal fine, può attingere ai fondi dell'assicurazione vecchiaia, superstiti e invalidità.

### Art. 113. Previdenza professionale

¹ La Confederazione emana prescrizioni sulla previdenza professionale.

² In tale ambito si attiene ai principi seguenti:

a. la previdenza professionale, insieme con l'assicurazione vecchiaia, superstiti e invalidità, deve rendere possibile l'adeguata continuazione del tenore di vita abituale;

b. la previdenza professionale è obbligatoria per i dipendenti; la legge può prevedere eccezioni;

c. i datori di lavoro assicurano i dipendenti presso un istituto previdenziale; per quanto necessario, la Confederazione offre loro la possibilità di assicurare i lavoratori presso un istituto di previdenza federale;

d. chi esercita un'attività indipendente può assicurarsi facoltativamente presso un istituto di previdenza;

e. per dati gruppi d'indipendenti, la Confederazione può dichiarare obbligatoria la previdenza professionale, in generale o per singoli rischi.

³ La previdenza professionale è finanziata con i contributi degli assicurati; almeno la metà dei contributi dei dipendenti è a carico del datore di lavoro.

⁴ Gli istituti di previdenza devono soddisfare alle esigenze minime prescritte dal diritto federale; per risolvere compiti speciali la Confederazione può prevedere misure a livello nazionale.

### Art. 114. Assicurazione contro la disoccupazione

¹ La Confederazione emana prescrizioni sull'assicurazione contro la disoccupazione.

² In tale ambito si attiene ai principi seguenti:

a. l'assicurazione garantisce un'adeguata compensazione della perdita di guadagno e sostiene misure volte a prevenire e a combattere la disoccupazione;

b. l'affiliazione è obbligatoria per i dipendenti; la legge può prevedere eccezioni;

c. chi esercita un'attività indipendente può assicurarsi facoltativamente.

³ L'assicurazione è finanziata con i contributi degli assicurati; la metà dei contributi dei dipendenti è a carico del datore di lavoro.

⁴ La Confederazione e i Cantoni forniscono prestazioni finanziarie in caso di circostanze straordinarie.

⁵ La Confederazione può emanare prescrizioni in materia di assistenza ai disoccupati.

### Art. 115. Assistenza agli indigenti

Gli indigenti sono assistiti dal loro Cantone di domicilio. La Confederazione disciplina le eccezioni e le competenze.

### Art. 116. Assegni familiari e assicurazione per la maternità

[1] Nell'adempimento dei suoi compiti la Confederazione prende in considerazione i bisogni della famiglia. Può sostenere provvedimenti a tutela della famiglia.

[2] Può emanare prescrizioni sugli assegni familiari e gestire una cassa federale di compensazione familiare.

[3] La Confederazione istituisce un'assicurazione per la maternità. Può essere obbligato a versare contributi anche chi non può fruire delle prestazioni assicurative.

[4] La Confederazione può dichiarare obbligatoria l'affiliazione a casse di compensazione familiari e all'assicurazione per la maternità, in generale o per singoli gruppi della popolazione, e subordinare le sue prestazioni ad adeguate prestazioni dei Cantoni.

### Art. 117. Assicurazione contro le malattie e gli infortuni

[1] La Confederazione emana prescrizioni sull'assicurazione contro le malattie e gli infortuni.

[2] Può dichiararne obbligatoria l'affiliazione, in generale o per singoli gruppi della popolazione.

### Art. 196. Disposizioni transitorie secondo il decreto federale del 18 dicembre 1998 su una nuova Costituzione federale

*10. Disposizione transitoria dell'art. 112 (Assicurazione per la vecchiaia, i superstiti e l'invalidità)*

Fintanto che l'assicurazione per la vecchiaia, i superstiti e l'invalidità non copre il fabbisogno esistenziale, la Confederazione versa ai Cantoni contributi per il finanziamento di prestazioni complementari.

*11. Disposizione transitoria dell'art. 113 (Previdenza professionale)*

Gli assicurati che appartengono alla generazione d'entrata e che non dispongono pertanto di un periodo intero di contribuzione devono poter beneficiare della protezione minima prescritta dalla legge, a seconda dell'importo del loro reddito, entro 10—20 anni dall'entrata in vigore di quest'ultima.

### TURQUIA

### THE CONSTITUTION OF THE REPUBLIC OF TURKEY — 1982

### X. Social Security Rights

### A. Right to Social Security

**Article 60.** Everyone has the right to social security.

The state shall take the necessary measures and establish the organization for the provision of social security.

## B. Persons Requiring Special Protection in the Field of Social Security

**Article 61.** The state shall protect the widows and orphans of those killed in war and in the line of duty, together with the disabled and war veterans, and ensure that they enjoy a decent standard of living.

The state shall take measures to protect the disabled and secure their integration into community life.

The aged shall be protected by the state. State assistance to the aged, and other rights and benefits shall be regulated by law.

The state shall take all kinds of measures for social resettlement of children in need of protection.

To achieve these aims the state shall establish the necessary organizations or facilities, or arrange for their establishment by other bodies.

# ÁFRICA

## ÁFRICA DO SUL
### CONSTITUTION OF THE REPUBLIC OF SOUTH AFRICA, 1996
### 27. Health care, food, water and social security

1. Everyone has the right to have access to

a. health care services, including reproductive health care;

b. sufficient food and water; and

c. social security, including, if they are unable to support themselves and their dependants, appropriate social assistance.

2. The state must take reasonable legislative and other measures, within its available resources, to achieve the progressive realisation of each of these rights.

3. No one may be refused emergency medical treatment.

## ANGOLA
### LEI DE REVISÃO CONSTITUCIONAL — 1992
#### Artigo 47º

1 — O Estado promove as medidas necessárias para assegurar aos cidadãos o direito à assistência médica e sanitária, bem como o direito à assistência na infância, na maternidade, na invalidez, na velhice e em qualquer situação de incapacidade para o trabalho.

2 — A iniciativa particular e cooperativa nos domínios da saúde, previdência e segurança social, exerce-se nas condições previstas na lei.

## MOÇAMBIQUE
### CONSTITUIÇÃO DA REPÚBLICA — 1990
#### Artigo 95
#### (Direito à assistência na incapacidade e na velhice)

1. Todos os cidadãos têm direito à assistência em caso de incapacidade e na velhice.

2. O Estado promove e encoraja a criação de condições para a realização deste direito.

# ÁSIA

## CHINA
### CONSTITUTION OF THE PEOPLE'S REPUBLIC OF CHINA
(Adopted on December 4, 1982)

**Article 45. Citizens of the People's Republic of China have the right to material assistance from the state and society when they are old, ill or disabled.** The state develops the social insurance, social relief and medical and health services that are required to enable citizens to enjoy this right. The state and society ensure the livelihood of disabled members of the armed forces, provide pensions to the families of martyrs and give preferential treatment to the families of military personnel. The state and society help make arrangements for the work, livelihood and education of the blind, deaf-mute and other handicapped citizens.

## ÍNDIA
### INDIA — CONSTITUTION — 1949

**Article 41. Right to work, to education and to public assistance in certain cases.** The State shall, within the limits of its economic capacity and development, make effective provision for securing the right to work, to education and to public assistance in cases of unemployment, old age, sickness and disablement, and in other cases of undeserved want.

## ISRAEL

O direito à previdência social não possui previsão constitucional em suas leis fundamentais (*basic laws*).

## JAPÃO
### THE CONSTITUTION OF JAPAN — 1947

**Article 25:**

1) All people shall have the right to maintain the minimum standards of wholesome and cultured living. 2) In all spheres of life, the State shall use its endeavors for the promotion and extension of social welfare and security, and of public health.

# OCEANIA

## AUSTRÁLIA
### COMMONWEALTH OF AUSTRALIA CONSTITUTION ACT (THE CONSTITUTION)

This compilation was prepared on 25 July 2003 taking into account alterations up to Act n. 84 of 1977

**51. Legislative powers of the Parliament**

The Parliament shall, subject to this Constitution, have power to make laws for the peace, order, and good government of the Commonwealth with respect to:

(xxiii) invalid and old-age pensions;

(xxiiiA) the provision of maternity allowances, widows' pensions, child endowment, unemployment, pharmaceutical, sickness and hospital benefits, medical and dental services (but not so as to authorize any form of civil conscription), benefits to students and family allowances;

## 84. Transfer of officers

When any department of the public service of a State becomes transferred to the Commonwealth, all officers of the department shall become subject to the control of the Executive Government of the Commonwealth.

Any such officer who is not retained in the service of the Commonwealth shall, unless he is appointed to some other office of equal emolument in the public service of the State, be entitled to receive from the State any pension, gratuity, or other compensation, payable under the law of the State on the abolition of his office.

Any such officer who is retained in the service of the Commonwealth shall preserve all his existing and accruing rights, and shall be entitled to retire from office at the time, and on the pension or retiring allowance, which would be permitted by the law of the State if his service with the Commonwealth were a continuation of his service with the State. Such pension or retiring allowance shall be paid to him by the Commonwealth; but the State shall pay to the Commonwealth a part thereof, to be calculated on the proportion which his term of service with the State bears to his whole term of service, and for the purpose of the calculation his salary shall be taken to be that paid to him by the State at the time of the transfer.

Any officer who is, at the establishment of the Commonwealth, in the public service of a State, and who is, by consent of the Governor of the State with the advice of the Executive Council thereof, transferred to the public service of the Commonwealth, shall have the same rights as if he had been an officer of a department transferred to the Commonwealth and were retained in the service of the Commonwealth.

# ANEXO D

## PREVIDÊNCIA SOCIAL NO BRASIL: COBERTURA SOCIAL E REDUÇÃO DA POBREZA

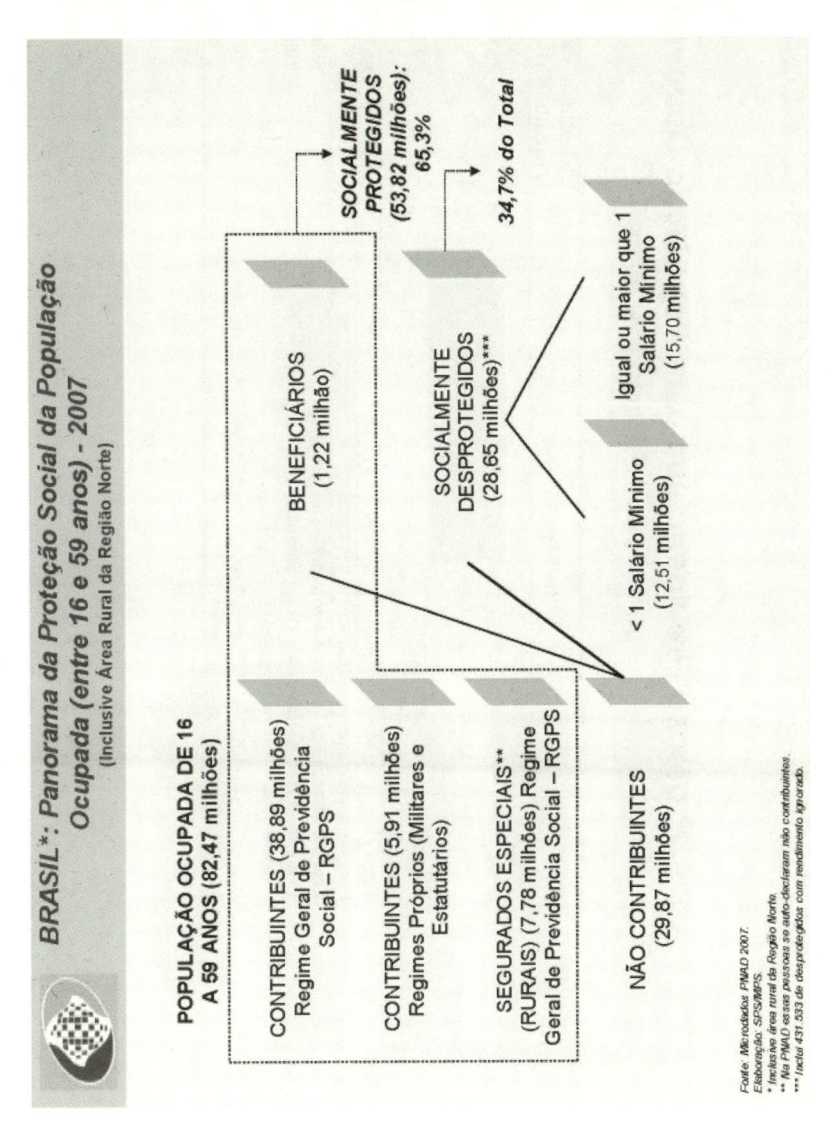

**BRASIL*: Panorama da Proteção Social da População Ocupada (entre 16 e 59 anos) - 2007**
(Inclusive Área Rural da Região Norte)

POPULAÇÃO OCUPADA DE 16 A 59 ANOS (82,47 milhões)

- CONTRIBUINTES (38,89 milhões) Regime Geral de Previdência Social – RGPS
- CONTRIBUINTES (5,91 milhões) Regimes Próprios (Militares e Estatutários)
- SEGURADOS ESPECIAIS** (RURAIS) (7,78 milhões) Regime Geral de Previdência Social – RGPS
- NÃO CONTRIBUINTES (29,87 milhões)

BENEFICIÁRIOS (1,22 milhão)

**SOCIALMENTE PROTEGIDOS** (53,82 milhões): 65,3%

**SOCIALMENTE DESPROTEGIDOS**\*** (28,65 milhões) — 34,7% do Total

- Igual ou maior que 1 Salário Mínimo (15,70 milhões)
- < 1 Salário Mínimo (12,51 milhões)

Fonte: Microdados PNAD 2007.
Elaboração: SPS/MPS.
\* Inclusive área rural da Região Norte
\*\* Na PNAD essas pessoas se auto-declaram não contribuintes.
\*\*\* Inclui 431.533 de desprotegidos com rendimento ignorado.

## Cobertura Social no Mercado de Trabalho
### – 2007 –
(Inclusive Área Rural da Região Norte)

### Proteção Previdenciária para População Ocupada entre 16 e 59 anos* - Brasil

| Categorias | Quantidade de Trabalhadores | % |
|---|---|---|
| Contribuintes RGPS (A) | 38.899.730 | 47,2% |
| Contribuintes RPPS (B) | 5.918.013 | 7,2% |
| *Militares* | *242.845* | *0,3%* |
| *Estatutários* | *5.675.168* | *6,9%* |
| Segurados Especiais** (RGPS) (C) | 7.781.545 | 9,4% |
| Não contribuintes (D) | 29.876.390 | 36,2% |
| **Total (E = A+B+C+D)** | **82.475.678** | **100,0%** |
| Beneficiários não contribuintes*** (F) | 1.225.663 | 1,5% |
| Trabalhadores Socialmente Protegidos (A+B+C+F) | 53.824.951 | 65,3% |
| Trabalhadores Socialmente Desprotegidos (D-F) | 28.650.727 | 34,7% |
| *Desprotegidos com rendimento inferior a 1 salário mínimo* | *12.515.565* | *15,2%* |
| *Desprotegidos com rendimento igual ou superior a 1 salário mínimo* | *15.703.629* | *19,0%* |
| *Desprotegidos com rendimento ignorado* | *431.533* | *0,5%* |

Fonte: PNAD/IBGE – 2007.
Elaboração: SPS/MPS.
*Independentemente de critério de renda.
** Moradores da zona rural dedicados a atividades agrícolas, nas seguintes posições na ocupação: sem carteira, conta própria, produção para próprio consumo, construção para próprio uso e não remunerados, respeitada a idade entre 16 e 59 anos.
*** Trabalhadores ocupados (excluídos os segurados especiais) que, apesar de não contribuintes, recebem benefício previdenciário.

## Cobertura Social por Unidade da Federação
### — 2007 —
(Inclusive Área Rural da Região Norte)

**Gráfico - Proteção Social para Ocupados entre 16 e 59 anos, segundo Unidade da Federação - 2007**

Total Brasil: 65,3%

| UF | % |
|---|---|
| SC | 80,3% |
| RS | 73,8% |
| SP | 71,2% |
| ES | 70,2% |
| DF | 70,1% |
| PR | 69,6% |
| MG | 68,2% |
| RO | 66,7% |
| RJ | 66,0% |
| MT | 64,8% |
| AL | 61,9% |
| BA | 60,1% |
| MS | 60,1% |
| AM | 60,0% |
| GO | 59,0% |
| PE | 58,3% |
| AC | 57,9% |
| SE | 57,3% |
| PI | 57,1% |
| TO | 56,6% |
| RN | 56,0% |
| MA | 54,0% |
| PB | 53,0% |
| RR | 52,7% |
| CE | 51,8% |
| AP | 50,1% |
| PA | 47,2% |

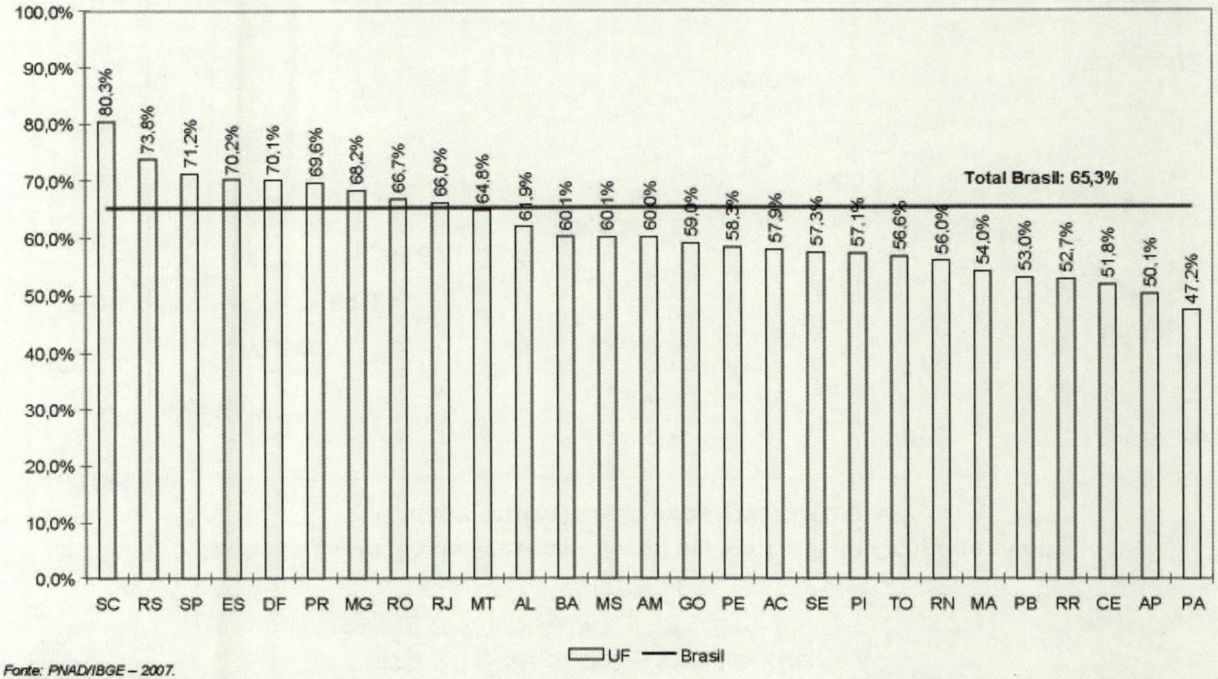

Fonte: PNAD/IBGE – 2007.
Elaboração: SPS/MPS.
*Independentemente de critério de renda.

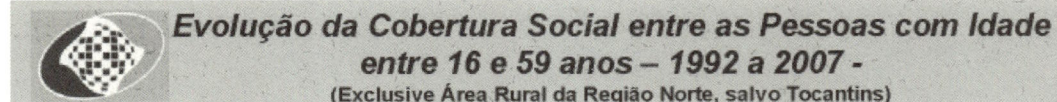

**Evolução da Cobertura Social entre as Pessoas com Idade entre 16 e 59 anos – 1992 a 2007 -**
(Exclusive Área Rural da Região Norte, salvo Tocantins)

**Gráfico - Evolução da Proteção Social para o Total de Ocupados com Idade entre 16 e 59 anos (1992-2007)**

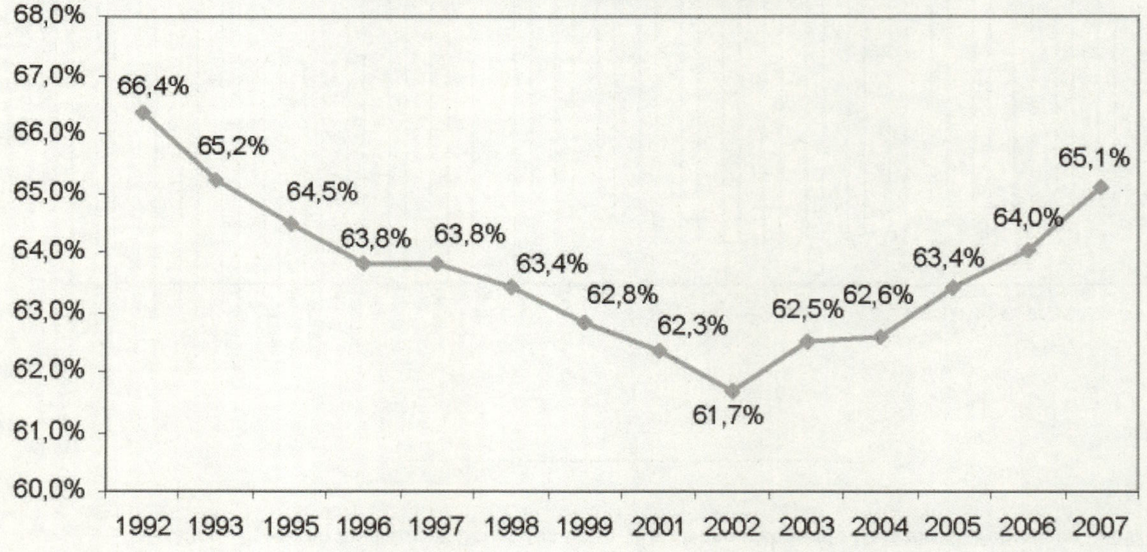

| Ano | % |
|---|---|
| 1992 | 66,4% |
| 1993 | 65,2% |
| 1995 | 64,5% |
| 1996 | 63,8% |
| 1997 | 63,8% |
| 1998 | 63,4% |
| 1999 | 62,8% |
| 2001 | 62,3% |
| 2002 | 61,7% |
| 2003 | 62,5% |
| 2004 | 62,6% |
| 2005 | 63,4% |
| 2006 | 64,0% |
| 2007 | 65,1% |

Fonte: PNAD/IBGE – Vários anos.
Elaboração: SPS/MPS.
* Pessoas com idade entre 16 e 59 anos, independentemente de critério de renda.

**Evolução da Contribuição Previdenciária (RGPS) dos Ocupados entre 16 e 59 anos, por Posição na Ocupação – 1992 a 2007**
(Exclusive Área Rural da Região Norte, salvo Tocantins)

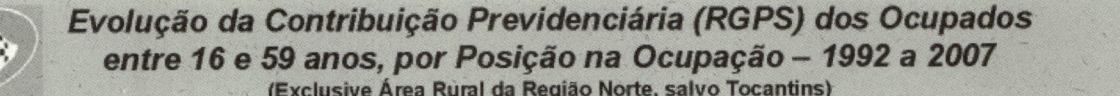

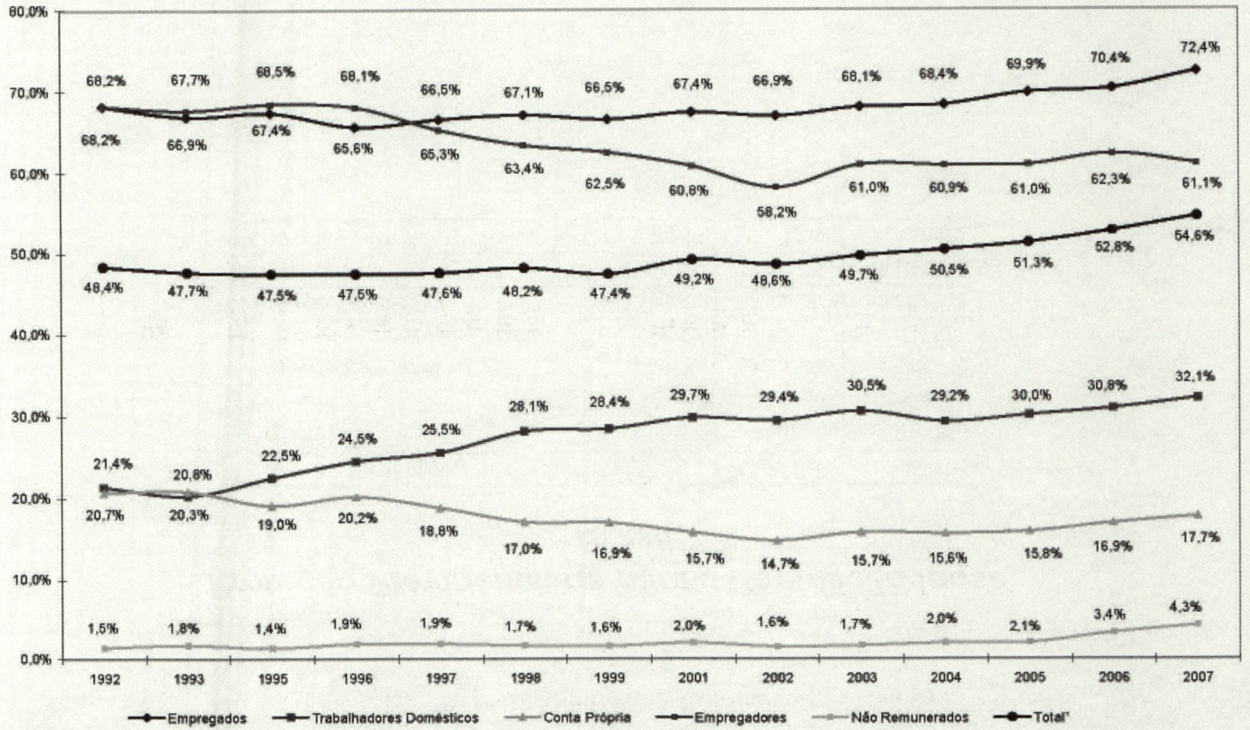

| | 1992 | 1993 | 1995 | 1996 | 1997 | 1998 | 1999 | 2001 | 2002 | 2003 | 2004 | 2005 | 2006 | 2007 |
|---|---|---|---|---|---|---|---|---|---|---|---|---|---|---|
| Empregados | 68,2% | 67,7% | 68,5% | 68,1% | 66,5% | 67,1% | 66,5% | 67,4% | 66,9% | 68,1% | 68,4% | 69,9% | 70,4% | 72,4% |
| Trabalhadores Domésticos | 68,2% | 66,9% | 67,4% | 65,6% | 65,3% | 63,4% | 62,5% | 60,8% | 58,2% | 61,0% | 60,9% | 61,0% | 62,3% | 61,1% |
| Conta Própria | 48,4% | 47,7% | 47,5% | 47,5% | 47,6% | 48,2% | 47,4% | 49,2% | 48,6% | 49,7% | 50,5% | 51,3% | 52,8% | 54,6% |
| Empregadores | 21,4% | 20,8% | 22,5% | 24,5% | 25,5% | 28,1% | 28,4% | 29,7% | 29,4% | 30,5% | 29,2% | 30,0% | 30,8% | 32,1% |
| Não Remunerados | 20,7% | 20,3% | 19,0% | 20,2% | 18,8% | 17,0% | 16,9% | 15,7% | 14,7% | 15,7% | 15,6% | 15,8% | 16,9% | 17,7% |
| Total* | 1,5% | 1,8% | 1,4% | 1,9% | 1,9% | 1,7% | 1,6% | 2,0% | 1,6% | 1,7% | 2,0% | 2,1% | 3,4% | 4,3% |

Fonte: PNAD/IBGE (Vários anos) - Elaboração: SPS/MPS.
Obs.: Pessoas com idade entre 16 e 59 anos, independentemente de critério de renda. Na estimativa da cobertura total foram considerados também militares e estatutários.
* Inclusive Militares e Estatutários.

## Cobertura Social entre os Idosos – 2007 –
(Inclusive Área Rural da Região Norte)

### Proteção Previdenciária para a População Idosa* - Brasil

| Categorias | Homens | Mulheres | Total |
|---|---|---|---|
| Aposentados | 6.558.689 | 4.657.134 | 11.215.823 |
| Pensionistas | 176.409 | 2.417.931 | 2.594.340 |
| Aposentados e pensionistas | 190.761 | 1.187.887 | 1.378.648 |
| Contribuintes não beneficiários | 640.180 | 251.727 | 891.907 |
| **Total protegidos (a)** | **7.566.039** | **8.514.679** | **16.080.718** |
| Residentes (b) | 8.838.779 | 11.115.732 | 19.954.511 |
| **Cobertura - Em % ((a)/(b))** | **85,6%** | **76,6%** | **80,6%** |

Fonte: PNAD/IBGE – 2007.
Elaboração: SPS/MPS.
* Idosos de 60 anos ou mais, independentemente de critério de renda, que recebem aposentadoria e/ou pensão ou que continuam contribuindo para algum regime previdenciário.

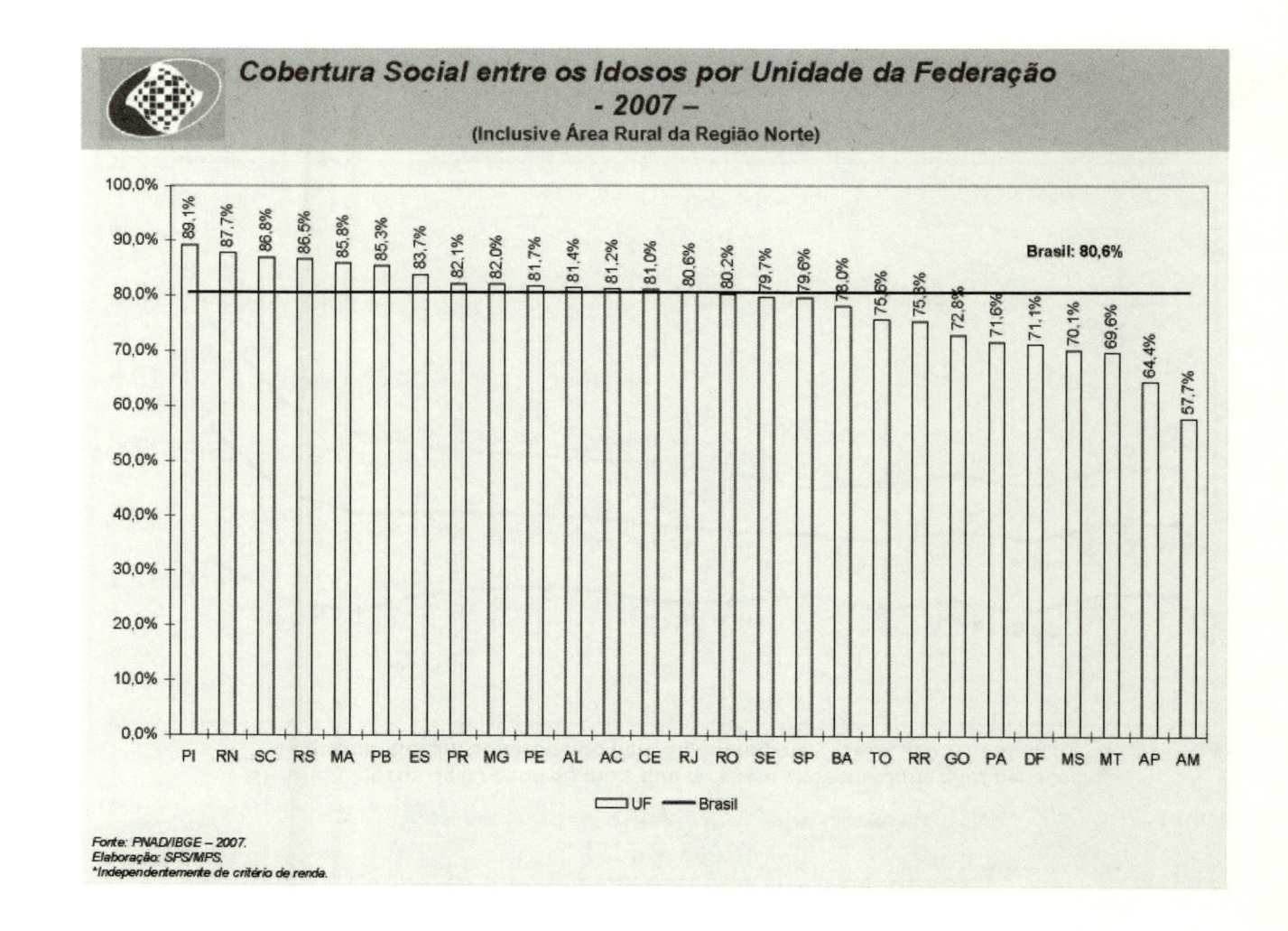

## Cobertura Social entre os Idosos por Unidade da Federação
### — 2007 —
(Inclusive Área Rural da Região Norte)

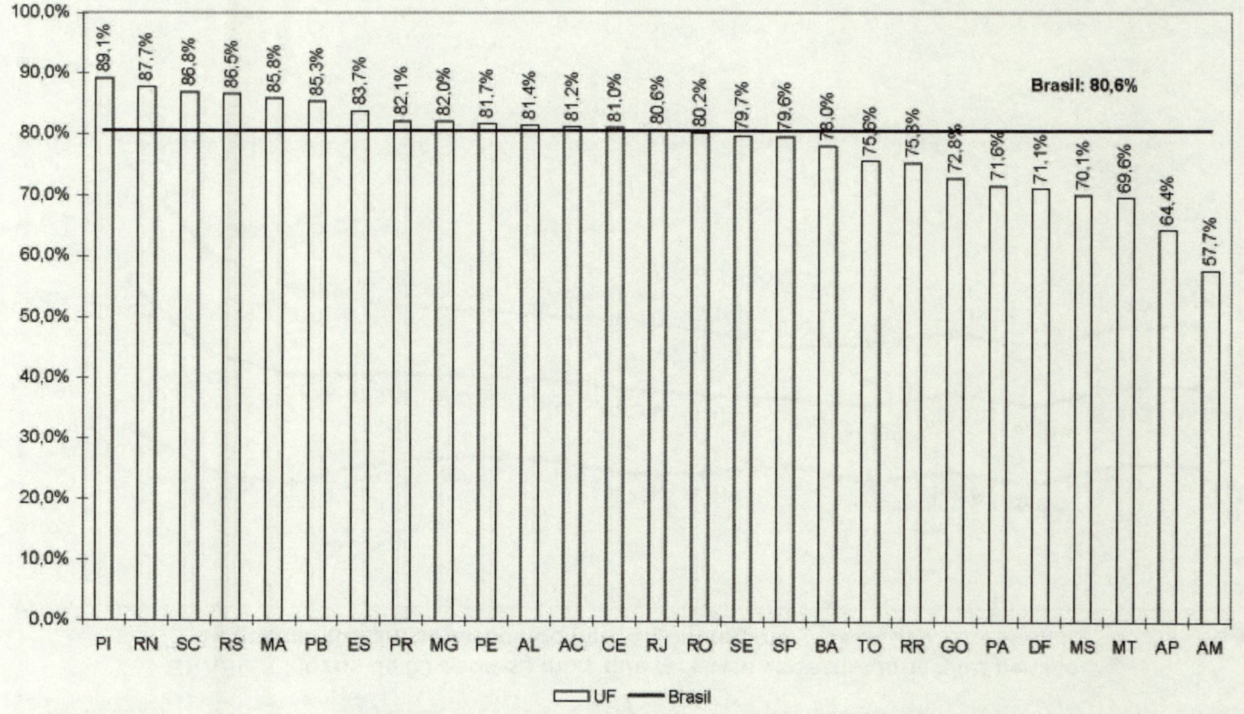

| UF | % |
|---|---|
| PI | 89,1% |
| RN | 87,7% |
| SC | 86,8% |
| RS | 86,5% |
| MA | 85,8% |
| PB | 85,3% |
| ES | 83,7% |
| PR | 82,1% |
| MG | 82,0% |
| PE | 81,7% |
| AL | 81,4% |
| AC | 81,2% |
| CE | 81,0% |
| RJ | 80,6% |
| RO | 80,2% |
| SE | 79,7% |
| SP | 79,6% |
| BA | 78,0% |
| TO | 75,6% |
| RR | 75,8% |
| GO | 72,8% |
| PA | 71,6% |
| DF | 71,1% |
| MS | 70,1% |
| MT | 69,6% |
| AP | 64,4% |
| AM | 57,7% |

Brasil: 80,6%

Fonte: PNAD/IBGE – 2007.
Elaboração: SPS/MPS.
*Independentemente de critério de renda.

## Evolução da Cobertura Social entre os Idosos
### - 1992 a 2007 -
(Exclusive Área Rural da Região Norte, salvo Tocantins)

**BRASIL\*: Idosos de 60 anos ou mais que recebem aposentadoria e/ou pensão ou que continuam contribuindo para algum regime - 1992 a 2007 (Em %) -**

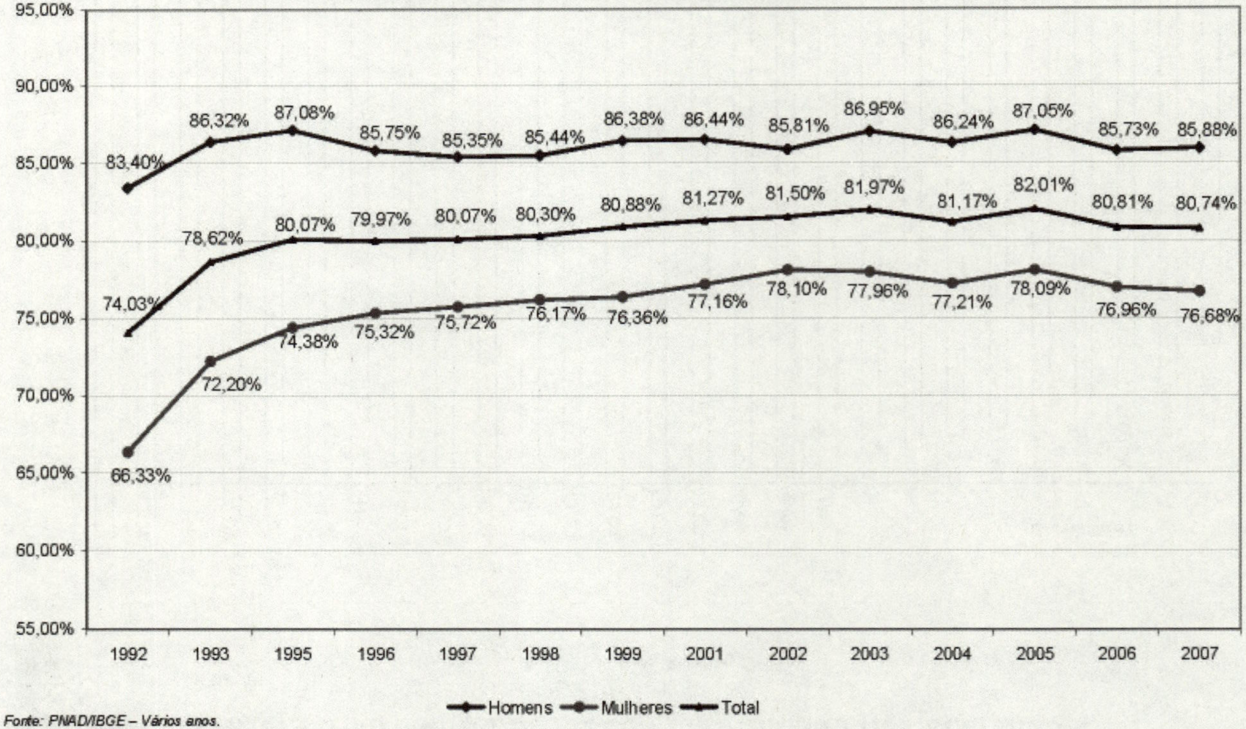

| Ano | Homens | Total | Mulheres |
|---|---|---|---|
| 1992 | 86,32% | 78,62% | 66,33% |
| 1993 | 83,40% | 74,03% | 72,20% |
| 1995 | 87,08% | 80,07% | 74,38% |
| 1996 | 85,75% | 79,97% | 75,32% |
| 1997 | 85,35% | 80,07% | 75,72% |
| 1998 | 85,44% | 80,30% | 76,17% |
| 1999 | 86,38% | 80,88% | 76,36% |
| 2001 | 86,44% | 81,27% | 77,16% |
| 2002 | 85,81% | 81,50% | 78,10% |
| 2003 | 86,95% | 81,97% | 77,96% |
| 2004 | 86,24% | 81,17% | 77,21% |
| 2005 | 87,05% | 82,01% | 78,09% |
| 2006 | 85,73% | 80,81% | 76,96% |
| 2007 | 85,88% | 80,74% | 76,68% |

Fonte: PNAD/IBGE – Vários anos.
Elaboração: SPS/MPS.
\* Pessoas com idade igual ou superior a 60 anos de idade, independentemente de critério de renda.

**Impactos dos Mecanismos de Proteção Social (Previdência\* e Assistência Social) sobre o Nível de Pobreza\*\* no Brasil - 2007 -**

| Descrição | | Quantidade de Pessoas | % do Total |
|---|---|---|---|
| População de Referência\*\*\* | | 184.628.821 | 100,0% |
| Renda Domiciliar *per capita* < R$ 190,00 | Incluindo a Renda Previdenciária (a) | 56.872.657 | 30,8% |
| | Excluindo a Renda Previdenciária (b) | 79.100.465 | 42,8% |
| Impacto dos Benefícios do RGPS sobre a "Quantidade de Pobres" (b) - (a) | | 22.227.808 | 12,0% |

*Fonte: PNAD/IBGE 2007.*
*Elaboração: SPS/MPS.*
*\* Considerando também os segurados dos Regimes Próprios de Previdência Social – RPPS.*
*\*\* Linha de Pobreza = ½ salário mínimo.*
*\*\*\* Foram considerados apenas os habitantes de domicílios onde todos os moradores declararam a integralidade de seus rendimentos.*

**Pontos Percentuais de Redução de Pobreza no Brasil em função das Transferências Previdenciárias por UF - 2007**
(Inclusive Área Rural da Região Norte)

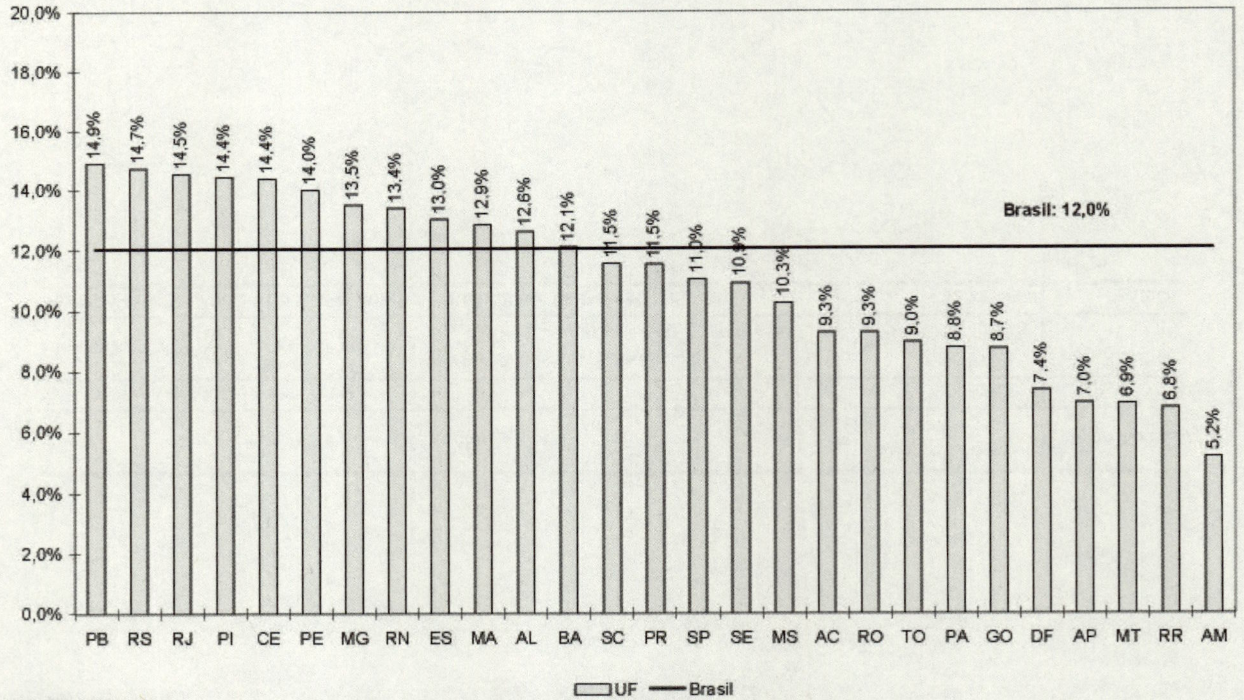

| UF | % |
|---|---|
| PB | 14,9% |
| RS | 14,7% |
| RJ | 14,5% |
| PI | 14,4% |
| CE | 14,4% |
| PE | 14,0% |
| MG | 13,5% |
| RN | 13,4% |
| ES | 13,0% |
| MA | 12,9% |
| AL | 12,6% |
| BA | 12,1% |
| SC | 11,5% |
| PR | 11,5% |
| SP | 11,0% |
| SE | 10,9% |
| MS | 10,3% |
| AC | 9,3% |
| RO | 9,3% |
| TO | 9,0% |
| PA | 8,8% |
| GO | 8,7% |
| DF | 7,4% |
| AP | 7,0% |
| MT | 6,9% |
| RR | 6,8% |
| AM | 5,2% |

Brasil: 12,0%

Fonte: PNAD/IBGE 2007.
Elaboração: SPS/MPS.
Obs.: Foram considerados apenas os habitantes de domicílios onde todos os moradores declararam a integralidade de seus rendimentos.
* Linha de Pobreza = ½ salário mínimo.

**Percentual de Pobres no Brasil, com e sem Transferências Previdenciárias - 1992 a 2007 – (salário mínimo a preços de set/2007)***
(Exclusive Área Rural da Região Norte, salvo Tocantins)

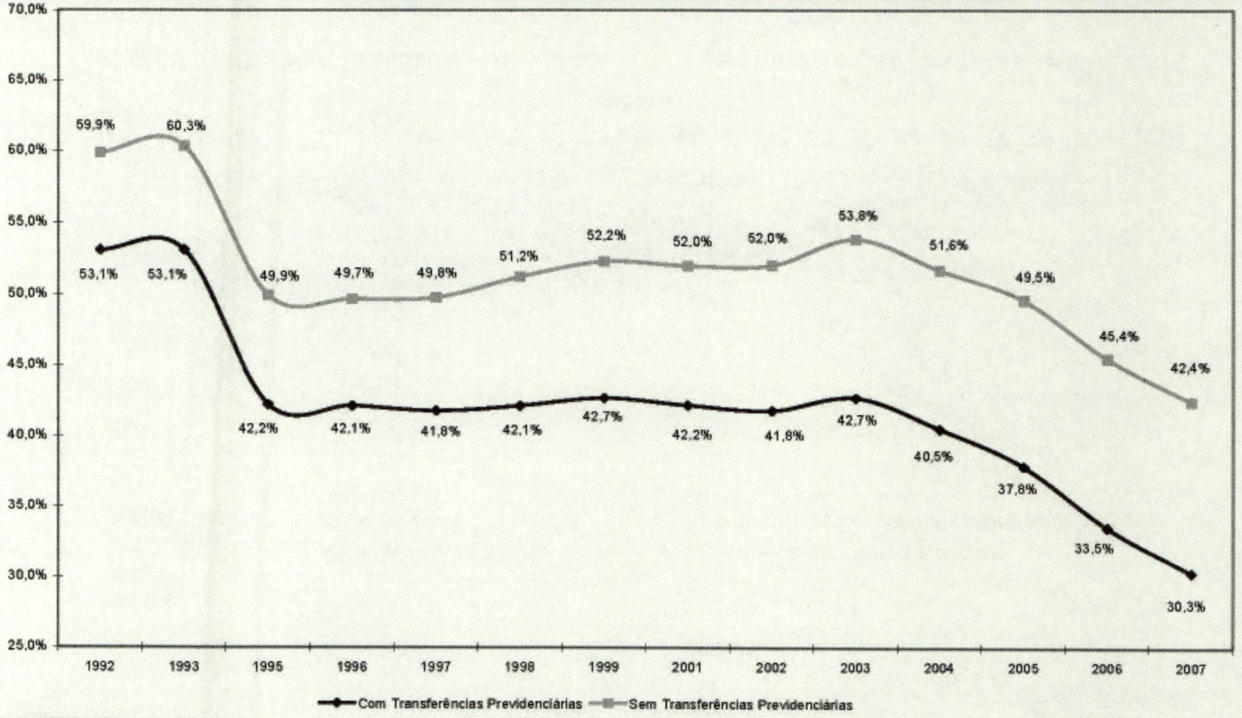

| Ano | Sem Transferências Previdenciárias | Com Transferências Previdenciárias |
|---|---|---|
| 1992 | 59,9% | 53,1% |
| 1993 | 60,3% | 53,1% |
| 1995 | 49,9% | 42,2% |
| 1996 | 49,7% | 42,1% |
| 1997 | 49,8% | 41,8% |
| 1998 | 51,2% | 42,2% |
| 1999 | 52,2% | 42,7% |
| 2001 | 52,0% | 42,2% |
| 2002 | 52,0% | 41,8% |
| 2003 | 53,8% | 42,7% |
| 2004 | 51,6% | 40,5% |
| 2005 | 49,5% | 37,8% |
| 2006 | 45,4% | 33,5% |
| 2007 | 42,4% | 30,3% |

Fonte: PNAD/IBGE – Vários anos.
Elaboração: SPS/MPS.
Obs: Foram considerados apenas os habitantes de domicílios onde todos os moradores declararam a integralidade de seus rendimentos.
* Linha de Pobreza = ½ salário mínimo.

— 133 —

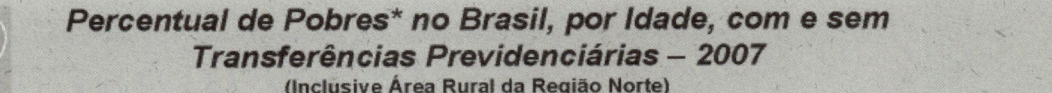

**Percentual de Pobres\* no Brasil, por Idade, com e sem Transferências Previdenciárias – 2007**
(Inclusive Área Rural da Região Norte)

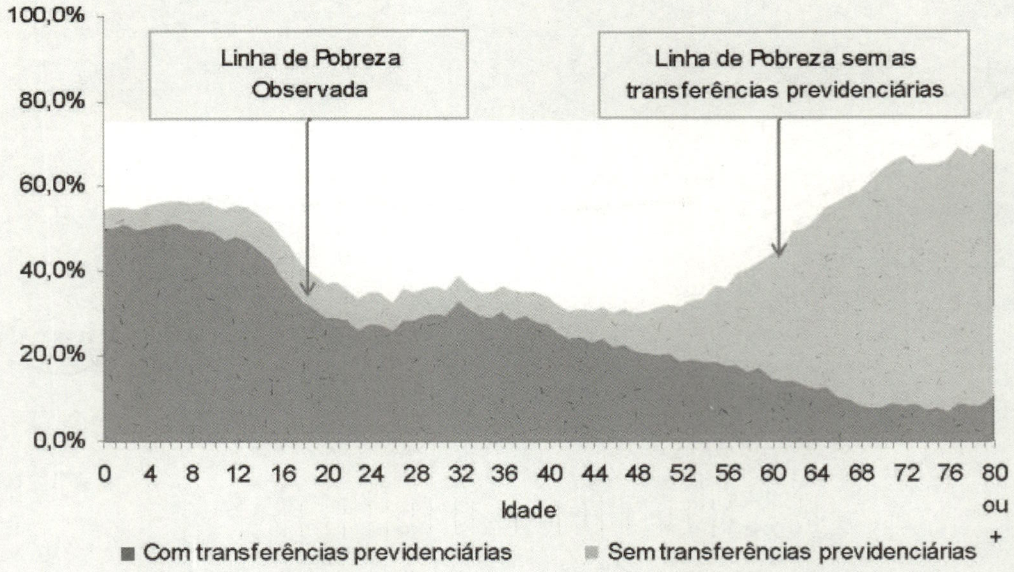

Fonte: PNAD/IBGE – 2007.
Elaboração: SPS/MPS.
Obs: Foram considerados apenas os habitantes de domicílios onde todos os moradores declararam a integralidade de seus rendimentos.
\* Linha de Pobreza = ½ salário mínimo.

*Produção Gráfica e Editoração Eletrônica:* **LINOTEC**
*Capa:* **ELIANA C. COSTA**
*Impressão:* **COMETA GRÁFICA E EDITORA**